生活·讀書·新知 三联书店

图书在版编目（CIP）数据

文言浅说 / 瞿蜕园，周紫宜著. —北京：生活 · 读书 · 新知三联书店，2023.8
ISBN 978－7－108－07607－6

Ⅰ. ①文… Ⅱ. ①瞿… ②周… Ⅲ. ①文言文－研究 Ⅳ. ① H109.2

中国国家版本馆 CIP 数据核字 (2023) 第 039284 号

责任编辑 柯琳芳
装帧设计 刘 洋
责任印制 张雅丽
出版发行 生活 · 讀書 · 新知 三联书店
（北京市东城区美术馆东街 22 号 100010）
网 址 www.sdxjpc.com
经 销 新华书店
印 刷 三河市天润建兴印务有限公司
版 次 2023 年 8 月北京第 1 版
2023 年 8 月北京第 1 次印刷
开 本 880 毫米 × 1230 毫米 1/32 印张 6
字 数 109 千字 图 6 幅
印 数 0,001－6,000 册
定 价 49.00 元
（印装查询：01064002715；邮购查询：01084010542）

写在前面

《文言浅说》是继《学诗浅说》之后，瞿蜕园（1894—1973）与周紫宜（1908—2000）合著的又一普及读物，1965 年初版于香港。

虽是普及读物，却因所谈系文言常识，既要引导阅读，更要教会写作，这就需要作者自身具备熟练驾驭文言的能力。这样的人才现已寥若晨星，故而对于希望掌握文言的读者来说，本书的出版可谓正当其时。

我青年时代有幸师从蜕老，也见过被郑逸梅誉为“金闺国士”的周紫宜。当年他们撰写本书之际，正是我经常登门请益之时。多年来我在回忆文章和相关书序中已不止一次谈及蜕老的生平成就，现再从文言角度略作补充。

蜕老原名宣颖，字兑之，晚号蜕园，湖南善化人，是在史学与文学领域卓有建树的大家。他早岁受业王闿运、王先谦、曾广钧等名师门下，很早即能写典雅的古文和骈文。翻一下我国最早的大学学报《约翰声》，就能读到不少时为圣约翰大学学生的蜕老用娴熟而优美的文言发表的文章。事实上他的前期著作都使用文言，1920 年商务印书馆还出过他用文言翻译的上下册侦探小说《隅屋》。1925 年，当甲寅派与新文学阵营就文言与白话展开论争时，他在《甲寅》周刊发表《文体说》，认为“欲求文体之活泼，乃莫善于用文言”。此文充分反映出他对文言的偏爱，当然也因观点守旧而受到抨击。他后来也放弃成见，开始使用白话，1934年出版的《中国骈文概论》便用白话写成。之后他更发表了大量用流畅白话写的文章，20世纪50年代还曾将多种重要史籍选译成白话或编译成白话故事。不过他从未放弃文言，而是两种文体兼用。在适当场合，譬如在书画题跋或致友人书简中他都始终使用文言，即使“文革”受冲击之后，这习惯也未改变。我至今还保存着他1967年给先父的一封文言书信，谈的是当时几位老人彼此间唱和的事。

周紫宜又名鍊霞，别号螺川，江西吉安人，是上海画院最擅诗词的画家。我没有读过她的长篇古文，但从诗词和画上题跋可以领略她深厚的文言功底。此外，听女画家汪大文说，20世纪60年代汪和其他几位青年被上海画院招为学员。拜师学画的同时，为提高文学修养，院方又安排周紫宜为他们讲授诗词和《古文观止》。她告诉我，周曾以“冬日可爱”为题，让学员们学写散文。由此看来，本书和《学诗浅说》对周而言，似还具有讲义的性质。

由文言高手撰写，又带有指导学员的目的，这就使得本书在知识传授上严谨准确，浅显实用。全书从简述古文的发展历程入手，接着讲解文言有别于白话的主要特征，重点说明文言虚词的用法，然后介绍两种最流行的古文选本——《古文辞类纂》和《古文观止》，再进一步指出学习的途径与要点，最后以文白对照的各种书信为例，为读者提供具体的范本。这样的章节安排我以为是很适宜初学者入门的。而在具体讲述中，本书的优长也很突出。

因为先生对历代古文十分精熟，所以娓娓道来，脉络甚为清晰，既突出重点，又鸟瞰全局。蜕老出过《古史选译》《左传选译》，故谈古文即从源头谈起，对《尚书》等一语即能道出其文体特征。中间插入《诗经》，当然不是误将诗歌当古文，而是为了告诉读者，助词的出现如何改变了文句的语气与情调。之后各节也都写得简练而精辟，重点阐述的是由韩愈、柳宗元开创，以唐宋八大家为代表的古文，同时从实用出发，没有忘记《世说新语》乃至南宋洪迈、陆游的笔记体，也十分重视晚近以来古文从内容到形式的变迁。这里，可以顺便一提的是，本书所谈“文言”，仅限于古文，而不涉及骈文。这是因为，宋明以来古文已被人们普遍接受而成为最通行的文体，另一方面，骈文因涉及对偶声律而较难入门。其实蜕老对骈文深有研究，也写得极好。记得当年我读了他为《春雨集》写的骈文序，欣羡之余，曾问他骈文可不可学？他的回答是，不仅可学，而且应当学。为此，他在为我题写扇面时，特地抄录一段顾炎武《日知录》中的话：“韩退之文起八代之衰，于骈偶声律之文宜不屑为。而其《滕王阁记》推许王勃所为序，且曰：‘窃喜载名其上，词列三王之次，有荣耀焉。’”意思是，即使是古文领袖韩愈，对于自己的文字能与王勃的骈文《滕王阁序》放在一起，也是感到光荣的。蜕老说，从事写作的人，多掌握一种笔墨，有什么不好？所以我想，诸位读罢本书，大致学会古文后，倘有兴趣涉猎骈文，也不妨加以尝试，而蜕老的《中国骈文概论》便是很好的读本。

本书第二部分谈古文的文法与用词。这属于古代汉语的范畴，但作者写来并不像某些教科书那样一板一眼，枯燥乏味，而是轻松活泼，如话家常。譬如谈到古今动词的不同用法，就若不经意地以一个普通的“走”字为例，指出现在的“走”，在古文中只能说“行”，而古文中的“走”，则相当于现在的“跑”，于是又信手列出“驰”“骋”“骤”“奔”等同义词，进而提醒大家，古文中不能说“快慢”，而要根据情境用“迟速”或“缓急”来代替。讲解虚词时，也总是通过生动的例证让读者领会不同词语用法上的细密区分。譬如谈疑问助词“乎”“哉”的区别，就举一段《孟子》为例，指出以“乎”字结尾的问句通常是需要对方回答的，而以“哉”字结尾的问句只是一种反诘口气，并不需要对方回答。由于引文中还有一个疑问词“与”（即后世常用的“欤”），故又顺带说明，“欤”与“乎”的用法大致相同，只是语气更委婉或俏皮一点而已。接下来对疑问词还有种种具体而微的分析，这里就不一一列举了。

后三部分的行文风格与前文相同，要旨乃是强调多读多写。介绍《古文辞类纂》和《古文观止》，是为了引导读者多读优秀的古文。建议大家用文言写日记，又通过示范让大家学写文言信，则是为了提供比较可行的练笔方式。在“学习文言的要点”部分，有几段关于“用高速度阅读”的议论，特别让我感到亲切，因为那正是当年蜕老面授我的读书方法。他认为，初学者趁着年轻，应该养成快读多读的习惯，阅读过程中能理解多少算多少，不必对所有的难点都穷根究底，否则一辈子也读不了几本书。而随着读书日多，有些先前的难点自会逐渐明白。如果将来从事研究和著述，再将有关书籍重新细读也不迟，而且现在的快读多读也是在为日后的精进打基础。在 1960 年前后，蜕老应我所请，曾随手用毛笔宣纸写下一份国学入门提纲，主要谈的就是读书问题。他指出，“《四库全书总目》是一切学问总钥，必须翻阅”。他从“五经”谈到《说文》，兼及书法；又从《史记》《汉书》谈到《资治通鉴》及胡注；又说“稍暇则宜略观《文选》，方知文章流俗以及修词使事之法，有可诵读者，能上口一二篇最好”；然后又谈到“子部之书”，谈到“诗词之属”。而在提纲的最后一段，更明确地以“高速度”相激励。这份提纲我一直珍藏着，现将末段抄录如下，作为与读者诸君的共勉——

> 学问要识门径，既得门径，要能博观约取，以高速度猎取知识，以敏锐眼光把住关键，即无往而不利矣。

俞汝捷

2023 年 4 月 6 日

前　言

这部书的意图是为了帮助初学能够理解文言的性质、特点、作用，培养阅读、欣赏的能力，进一步便能在实用上运用文言，而不是局限于一些理论。但总的说来，仍以提供有关的基本知识为主。

因此，全书分五部分：第一是古文的历史发展，从远古到近代，显示一个粗略的轮廓。第二是古文文法的特点，特别就文言与口语的对照，来帮助读者掌握虚字的用法。第三是通过古文选本的介绍，提供一些关于体裁、风格等等的说明。第四是学习文言的要点。第五是实际运用文言的范例。

第一、第二两部分本来属于文学史及语法书的范围，现在只重点地介绍，以期简明扼要，便于读者的掌握。

在举例中，绝大多数取材于通行的《古文辞类纂》及《古文观止》二书，以期便于寻检，并此说明。

目　录

一、古文的历史发展

所谓古文

“古文”两个字可以有几种不同的意义。我们现在所说的古文，则是指与现代语体文相对的一切文言文。事实上，在五四以前，几乎一切正式行用的文章都是用文言写的，从上古一直到五四前的一个时期，在漫长的年代中，尽管文体经过很大的变化，在今天看来，都算是有别于现代汉语的文体，所以都可加上“古文”的名称。

当然，用文言写的不一定都是好文章。但是在旧时代里，著名作家们所写的，有不少精湛卓越、不可磨灭的作品，非但可供我们今天的师法、借鉴，而且事实上我们一直受到这些作品的影响，其中有些词汇、成语、语法以及修辞技巧，都还在日常应用的语文中活生生地继续使用着，并没有完全远离我们，所以值得欣赏、学习，汲取其优点。

作为一个文体来说，古文的名称起于唐宋。因为当时流行的文体，大部分是追求华靡形式的，语法也不很严格。通过几个先进作家的创导，直接采取了汉以前比较朴素的风格，加以变化，使其条理畅达、简洁有力，这种文体名为“古文”。虽然名为古文，实际却含有革新的意义。由宋到明清，这种古文的影响逐步加深加广，为文学界所普遍接受。虽然仍旧名为古文，实际已经是比较符合时代要求的文体了。不过当时也还有两种文体不属于这个范畴。一是骈体，在美文方面仍然通用；一是制艺，在科举考试中是必须使用的。所以在那时代，古文别于那两种而言。

这种从唐宋以后兴起的所谓古文，是我们所要学习的主要部分，因而必须有清晰的认识。

上古的文章

不言而喻，上古的文字是非常简略的。我们所能看到的不过是些记事的文字，只用些实体词记载事实的概略，动词、形容词都用得极少，其他介词、连词都不如后来的多，所以读起来觉得枯燥质朴，没有情调。在古器物的铭文上看见的都是这种。从现在的习惯说来，还不能算是文章。然而也已经有了一些特定的表示语气。例如记事文在开始的时候总是用“惟”字引起下文。又如由此事以至彼事则用“乃”字（古字写作“迺”）以表因果关系。又如在颂祝的时候用“其”字表示希望。这些就是文言语法中的助字（虚字）所由来。逐步发展下去，这类的用语多了，于文气的抑扬转折，理路的层次脉络，就大有帮助，因而成为文言文的主要特征。

上古的用字几乎全不是我们所习惯的。非但我们今天不习惯，司马迁在西汉时代已经觉得《书经》(《尚书》) 的文字难于理解，所以不得不用当时通用的字来代替《书经》上的字，试举一节《书经》和司马迁《史记》的译文对照起来看。

> 允厘百工，庶绩咸熙。帝曰："畴咨若时登庸？"放齐曰："胤子朱启明。"帝曰："吁！嚚讼可乎？"(《书经·尧典》)

> 信饬百官，众功皆兴。尧曰："谁可顺此事！"放齐曰："嗣子丹朱开明。"尧曰："吁！顽凶不用。"(《史记·五帝本纪》)

从这里可以看出司马迁用的字确实距离我们近了一些。然而这不等于说《史记》的文章好过《书经》的文章。相反，《书经》有《书经》的优美风格，司马迁的翻译也不免破坏了原有的优点，变得直率无味了。假使司马迁按照他的自由意志来改写，必然会好得多。所以知道文章风格是各自独立的，并不因为时代远了就贬低价值。

至于用字，诚然各时代的习惯不同，然而也正因为一个意思可以用不同的字表达，才使我们的词汇日益丰富。例如《书经》上的“庶”字和“咸”字，在今天看来，果然不如“众”字和“皆”字的熟悉，但是“庶”字和“咸”字也并没有完全僵死，一直还可以替换着使用。所以，由于悠久历史的积累，新的不断产生，旧的也存储备用，文言就提供了充裕的词汇资源，足以应付多方面的需要。像《书经》这样简括肃穆的文风，仍然是唐宋以后古文所追求效法的对象之一，特别在碑铭一类的文章中，更为适宜。

《诗经》

在助字使用方面，与《书经》表现相反趋向的，就是《诗经》。在《诗经》里，可以发现大量而且经常使用的助字。这些助字往往也是后人所不熟悉的。然而不难看出：凭借这些助字，语气就非常活泼生动，情调也非常婉转缠绵。因而大不同于《书经》和上古器物上的铭文了。举下列的句子为例：

于以采蘋，南涧之滨。于以采藻，于彼行潦。（《诗经·召南》）

已焉哉！天实为之，谓之何哉。（《诗经·邶风》）

墙有茨，不可埽也。中冓之言，不可道也。所可道也，言之丑也。（《诗经·鄘风》）

第一例的语气多么从容美妙，第二例又多么沉痛，第三例又多么愤激！为什么能有这样细腻的表情，使我们读起来恰和听见作者亲口念出来一样呢？完全是由于助字的大量使用。这些助字多半属于“声态词”的性质，在当时本来就是按口语写出的，口中发出怎样的声音，笔底下就写出怎样的字，这样自然活泼而婉转了。到了后来，口语的语法上起了些变化，习惯就愈离愈远，有些助字的用法就完全不同了。譬如在第一例中，句子开始用“于”字，这在现代国语中简直没有相当的字可以代替，因而很难体会其语气。至于第二、第三例中的“焉”“哉”“也”等字，用法还和现代国语中的某些字相当，所以我们读起来还亲切有味。

唐宋以后古文的特点就是适当运用这些助字，把它们容纳在语法规范之中。其结果就能使文言与口语保持着不太远的距离。

《论语》

文言文中的助字，到了孔子时代记录下来的议论和记事文章，才充分发挥了作用。现从传诵最广的《论语》，举下列一段为例：

> 长沮、桀溺耦而耕，孔子过之，使子路问津焉。长沮曰："夫执舆者为谁？"子路曰："为孔丘。"曰："是鲁孔丘与（欤）？"曰："是也。"曰："是知津矣。"问于桀溺，桀溺曰："子为谁？"曰："为仲由。"曰："是鲁孔丘之徒与？"对曰："然。"曰："滔滔者，天下皆是也。而谁以易之？且而与其从辟（避）人之士也，岂若从辟世之士哉？"耰而不辍。子路行以告。夫子怃然曰："鸟兽不可以同群，吾非斯人之徒与而谁与？天下有道，吾不与易也。"(《微子》)

这段的原意大略如下：长沮、桀溺两人合伙耕田，孔子走过这里，派子路向他们探听一下过河的渡口。长沮说："那位赶着车的是谁啊？"子路说："是孔丘。"长沮说："是鲁国的孔丘吗？"子路说："是。"长沮说："那他一定知道渡口在什么地方了。"子路又去问桀溺，桀溺说："你是什么人？"子路说："我名叫仲由。"桀溺说："是鲁国的孔丘的门徒吗？"

子路说："是的。"桀溺说："天下滔滔都是一样的，换来换去还不是这样？并且与其跟那避人之人在一起，何不跟避世的人在一起呢？"说罢还是不停地锄地。子路把这话走去回报孔子，夫子甚为感动，说："鸟兽是没有法子合伙的，不同这班人一起，又同谁一起呢？即使天下太平了，还是要让他们独行其是的。"

试看这段叙事，层次分明，交代清楚，固不必说。在"问津"之下用一个"焉"字，在"执舆"之上用一个"夫"字，这都本不是必须用的字，但用了以后，就使人感觉前者显出停顿的语气，而后者显出提起的语气，在行文之中发挥着修饰的作用。孔子答话的时候，用"怃然"二字形容被感动的神情，这又是文言中的特点，善于使用简练的语言表达复杂的情感。

再看一段孔子的议论文章：

> 季氏将伐颛臾，冉有、季路见于孔子，曰："季氏将有事于颛臾。"孔子曰："求！无乃尔是过与！夫颛臾，昔者先王以为东蒙主，且在邦域之中矣，是社稷之臣也。何以伐为？"冉有曰："夫子欲之，吾二臣者皆不欲也。"孔子曰："求！周任有言曰：'陈力就列，不能者止。'危而不持，颠而不扶，则将焉用彼相矣？且尔言过矣。虎兕出于柙，龟玉毁于椟中，是谁之过与？"冉有曰："今夫颛臾，

固而近于费，今不取，后世必为子孙忧。”孔子曰：“求！君子疾夫舍曰欲之而必为之辞。丘也闻有国有家者，不患寡而患不均，不患贫而患不安。盖均无贫，和无寡，安无倾。夫如是，故远人不服，则修文德以来之，既来之，则安之。今由与求也相夫子，远人不服而不能来也，邦分崩离析而不能守也。而谋动干戈于邦内，吾恐季孙之忧不在颛臾，而在萧墙之内也。”（《季氏》）

这样文义显露、娓娓动听的文章，只在《论语》中初次遇见，在以前是不会有的。《论语》的文章所以不同于以前的文章，主要是广泛使用的句首的助字，如“今”“夫”“今夫”，以及句尾的助字，如“与”“矣”“也”。一篇之中，反复数次地出现。这样一来，表达讲道理、论是非的语气就更为有说服力了。比前面所举的一例，又进了一步了。

孔子在听到将伐颛臾的消息时，就说：“求啊！这件事只怕做得不对吧！讲到颛臾，当初的天子原是叫他坐镇蒙山地区的，而且已经划在我国领土之内的了。它就是忠于我们国家的臣子啊！为什么要去伐他呢？”冉有自己辩解说：“他老先生要这样办，其实我们两个在他手下本不赞成的。”于是孔子说：“求啊！上古周任有句话说：‘各人按照各人的能力走上自己的岗位，如果没有能力就应当退下来。’假使看到危险不能去支持，倒下地来不能去扶起，那又何必要什么辅佐的人呢。而且你这话也说错了，如果养的野兽跑出笼子来，贵重的宝物在匣子里受到损坏，试问是谁的过失呢？”冉有又说：“论起颛臾这个地方，是个险要所在，而又离费邑太近，不把它拿过来，必然会替后世子孙留下祸害的。”孔子说：“求啊！君子所恨的，就是不说自己想这样罢了，偏要找出理由来强辩。按照我的意见，无论当国当家，所怕的并不是缺乏而是不均匀，并不是贫穷而是不安定。因为均匀就无所谓贫穷，和谐就不至于缺乏，安定就不至于危险。既然是这样，那么，远方的人有不服的，可以采用和平的方法，引导他们来，来了就要使他们安定。现在呢，由与求，你们两人辅佐他老先生，远方的人不服，并不能够把他们引导来，国内分裂破散，也不能够保持完整。倒要打算在自己国内使用武力，我恐怕季孙担忧的不是颛臾的事，而是自己家门内的事啊！”

两下对照，就知道句首的助字帮助“起、承、转、合”，而句尾的助字帮助语气的抑扬顿挫，这就是文言的特征。在《论语》中表现得最为显著，也最为明确。

《孟子》

到了孟子的时代，继承了《论语》的文法，又进一步增加了一些推论的词句，由简而趋向于繁。刚好有一段也是讨论冉求的议论文章，可以联系起来看：

> 孟子曰："求也为季氏宰，无能改于其德，而赋粟倍他日。孔子曰：'求非我徒也，小子鸣鼓而攻之可也。'由此观之，君不行仁政而富之，皆弃于孔子者也。况于为之强战？争地以战，杀人盈野，争城以战，杀人盈城。此所谓率土地而食人肉，罪不容于死。故善战者服上刑，连诸侯者次之，辟（闢）草莱任土地者次之。"（《离娄》）

按照孟子的口气，就是：冉求这人做季氏的家臣，一点也没有改善季氏的行为，只是把赋税增加得超出以前一倍。孔子说过："冉求不是我们的同道，你们这些后生小子简直不妨大张旗鼓攻击他。"照这样看来，为君的不行仁政，倒替他想法子弄钱，这种人都是孔子所要唾弃的。何况还要替他进行横蛮的战争呢？为了争夺一块地方而战争，就会杀死遍地的人，为了争夺一处城池而战争，就会杀死满城的人。就是这样为了追求领土而吃人肉，虽死也抵不了所犯的这种大罪。所以会打仗的，应该处以最严厉的刑罚，联合各国结盟的，次一等，开辟土地（为了备战）的，又次一等。

孟子这篇文章用了"由此观之""况于""此所谓"等等

推论语气的短语或字句，表达了更加复杂细致的意思，因而增加了文章的矫健。

孟子又特别善于变换使用句尾的助字来增加文章的生动活泼，例如：

万章问曰："或曰，百里奚自鬻于秦养牲者五羊之皮，食牛以要秦缪（穆）公，信乎？"孟子曰："否，不然。好事者为之也。百里奚，虞人也。晋人以垂棘之璧与屈产之乘，假道于虞以伐虢。宫之奇谏，百里奚不谏。知虞公之不可谏而去之秦，年已七十矣。曾不知以食牛干秦缪公之为污也，可谓智乎？不可谏而不谏，可谓不智乎？知虞公之将亡而先去之，不可谓不智也。时举于秦，知缪公之可与有行也而相之，可谓不智乎？相秦而显其君于天下，可传于后世，不贤而能之乎？自鬻以成其君，乡党自好者不为，而谓贤者为之乎？"（《万章》）

按照现代语的口气就是：万章问："有人说：百里奚以五张羊皮的代价把自己卖给秦国养牲口的人做奴隶，为的是借着喂牛向秦穆公谋求录用，真有这事吗？"孟子说："没有，不对。这是喜欢造谣的人造出来的。百里奚原是虞国人。晋国拿出宝玉和名马向虞国请求通过虞国的国境出攻虢国。宫之奇劝阻虞君不要答应晋国的请求，百里奚却不去劝阻。他是知道虞君不听劝说的，因而离开虞国去到秦国，年纪已经七十岁了。难道连用喂牛来干求秦穆公是件卑污的事都不懂得，这能算得明智吗？明知无法劝就不去劝，这能不说他是明智吗？知道虞君要亡国，先就离开到秦国去，这不能不说他明智啊！到了适当的时机，在秦国活跃起来，知道秦穆公是个可以合作而能成功的人，就去辅佐他，这能不说他是明智吗？辅佐他以后果然使他的君主显名天下，传于后世，不是个贤人，能够这样吗？若是为了成就他的君主而出卖自己做奴隶，乡里中但知洁身自好的人都不肯这样干，你说一个贤人肯干吗？”

凡是遇到反复深入分析问题的时候，这种文法是非常合适的。

同时还要注意：现代语有必须加字方能清楚的地方，文言是可以简省些的。然而是文法上的简省，不是修辞上的简省。在整个结构上只要发挥透彻，话虽多并不嫌多。这也是孟子文章风格的特点。当时的人就说孟子好辩，果然他是辩论的好手。

孟子本来是战国时代诸子之一，战国时代的诸子各有独特的文风，其中如庄子，尤其对后世的文学，有着深切的影响。但是还远不如孟子影响之大。因为他是儒家的正统派，直接继承孔子，很久以来就把他的书当作经书读，所以《孟子》和《论语》的文法已经成为一般文言文法的基础。

《左传》和《史记》

《左传》的时代差不多也就是孔子的时代，但是因为是史书，不妨把它和以后的《史记》结合起来看。

《左传》的文章包含叙事、记言、议论三种。先举记言的一种，以见一斑。

> 郑伯使许大夫百里奉许叔以居许东偏，曰："天祸许国，鬼神实不逞于许君，而假手于我寡人。寡人唯是一二父兄，不能共（供）亿，其敢以许自为功乎？寡人有弟，不能和协，而使糊其口于四方，其况能久有许乎？吾子其奉许叔以抚柔此民也。吾将使获也佐吾子。若寡人得没于地，天其以礼悔祸于许，无宁兹许公复奉其社稷，唯我郑国之有请谒焉，如旧昏（婚）媾，其能降以相从也。无滋他族，实逼处此，以与我郑国争此土也。吾子孙其覆亡之不暇，而况能禋祀许乎？寡人之使吾子处此，不唯许国之为，亦聊以固吾圉也。"

这是郑庄公在打败了许国，占领了它，又建立一个新政权，由许国大夫百里负责，由许君的兄弟许叔做名义上的君主，把许国东边一部分地方划给他以后，对这新政权发表的一篇谈话。大意说："许国这次遭到的灾难，实在是因为许君得罪了鬼神，鬼神差我来惩罚你们许国的。其实我连自己的几个亲骨肉还不能供养，哪里敢以战胜了许国夸功呢？我的兄弟都不能和睦相处，以至于流亡在外，还能够长久占有许国吗？还是你来拥戴许叔安抚这许国的人吧！我要派我的将军公孙获来协助你的。一旦我死了，也许天还会保佑许国，仍旧让许君来恢复统治，到那时候，我们郑国还可以同你们像亲戚一般往来，希望你们不会拒绝呀！只不要让其他的国家侵占，来同郑国相争夺，那就好了。果真那样，我的子孙只怕要自己亡国了，还能够占领许国吗？我把你安顿在这里，不但是帮你们许国，也是为了巩固自己的边境啊！"

这样漂亮的词令，在《左传》中表达得生动极了。《左传》与《公羊传》《穀梁传》都是替《春秋》作补充说明的，只有《左传》的文采是这样丰富，而《公羊》《穀梁》(时代稍后)则比较简朴，尽管它们也有它们的优点。

《左传》的叙事和它的记言其实是分不开的，它的叙事所以能生动，也是由于中间夹着对话。运用对话来烘托事实，所以不是单纯的流水账形式。与议论也是分不开的，一方面就借别人的话表示意见，一方面还在必要时附加自己的意见。

这样的做法，为后来的《史记》及《通鉴》所采用。因而都成为历史文学的综合体。

就文法来说，似乎比《论语》《孟子》使用的助字还要多些，例如“其敢以”“其况能”“无宁兹”，两个字不够，还要加成三个字，这样就更增加语气的委婉，多种多样的情调都能表达出来。

另外一点值得注意：《左传》用的复合词也增多了。例如“共（供）亿”“抚柔”“覆亡”，都是《论语》《孟子》所不常见的，却与现代的语言习惯进一步接近。复合词的大量使用，说明人的思想是日趋繁杂的，而正确表达思想的要求也日益提高。

从《左传》的文法也可以看出它在后世所起的重大影响。

《史记》的文章体制不同于《左传》，这自然是各有特点，也是由于语言在时代中的变化，有些字有了新的用法。试举一例：

> （郭）解姊子负解之势，与人饮，使之釂，非其任，强必灌之，人怒，拔刀刺杀解姊子，亡去。解姊怒曰：“以翁伯（郭解的别号）之义，人杀吾子，贼不得！”弃其尸于道，弗葬，欲以辱解。解使人微知贼处，贼窘自归，且以实告解。解曰：“公杀之固当，吾儿不直。”遂去其贼，罪其姊子，乃

收而葬之。诸公闻之，皆多解之义，益附焉。(《游侠传》)

这段记载描写郭解为人之公正讲理，只是把事实写下来，在人物的刻画上就具有极强烈的感染力。大意说：郭解的外甥倚仗舅舅的势力，同人家喝酒的时候，强迫人家干杯，那人酒量不济，一定要勉强灌他。那人一时性起，拔出刀来把郭解的外甥杀死了，自己逃走。郭解的姊姊气了，说："像兄弟这样一生侠义的人，有人杀死我的儿子，凶手都不能替我抓到。"于是让尸身抛在路上，不去埋葬，要丢郭解的脸。郭解派人暗访，查出了凶手逃匿的地方。凶手没有法子，只得出来承认，把实在情形告诉了郭解。郭解说："你杀死他没有错，是我这孩子不对。"就把凶手放走，罪名加在他外甥头上，收起尸来葬了。一班人听见这事，都称赞郭解的正直，因此越来越拥护他。

原文是一百十字，写成现代语，就差不多要二百字，可见《史记》的文章，一般说来是劲健的。它善于用劲健的笔锋表达紧张激动的神情，像这段当中郭解的姐姐生气的那几句话，句首句尾都不用助字，愈生硬愈觉得逼真。

在这段中所用的形容词如"当"字作恰当、正当、适当，所用的动词如"多"字作重视、赞许解，都是新的用法，有的今天还继续采用，有的已经只在古文中发现，而现代语则必须另用其他字替代了。《史记》中包含的词汇是非常丰富的。

两汉的文章

从《史记》和《汉书》里可以发现成篇的文章，其中有论说，有奏议，有书札，有赋和杂文，这种成篇的文章，才是我们所谓古文的主要部分。一般古文选本是从这里开始的。像上面所提到的那些，多半作为专书处理，而不作为古文的文章，不过古文的来源离不开那些罢了。

西汉的文章，大体上继承经书和子书的传统，有时大量采用经书的成语，发挥书中的理论，有的采用子书中寓言、譬喻的方法，承袭和模仿的痕迹是很显明的。其特点是文气宽博，如同高山大河，有纵横起伏、浩荡雄深的气势。在司马迁《报任安书》中可以体会到这样的文气。

> 夫仆与李陵俱居门下（宫门下），素非相善也，趣舍异路（各走不同的路），未尝衔杯酒、接殷勤之余欢。然仆观其为人，自奇士（自然是个奇士），事亲孝，与士信（对部下守信用），临财廉，取与义（自取及与人都合道理），分别有让，恭俭下人（谦卑），常思奋不顾身，以殉国家之急。其素所蓄积

也（平日的抱负），仆以为有国士之风。夫人臣出万死不顾一生之计，赴公家之难，斯已奇矣。今举事一不当，而全躯保妻子之臣随而媒蘖其短（说他的坏话），仆诚私心痛之。且李陵提步卒不满五千，深践戎马之地，足历王庭（匈奴政府所在），垂饵虎口，横挑强胡，仰（对）亿万之师，与单于连战十余日，所杀过当（所杀的超过被杀的）。虏（敌）救死扶伤不给（不暇），旃裘（匈奴服装）之君长咸震怖，乃悉征其左右贤王（匈奴贵族的称号），举引弓之民(能射箭的人)一国共攻而围之。转斗千里，矢尽道穷，救兵不至，士兵死伤如积。然李陵一呼劳军，士无不起，躬自流涕，沬血饮泣，张空卷（没有箭的弓弩），冒白刃，北首争死敌。

这与上面所举《史记·游侠传》的一段，风格绝不相同。前者精练简括，后者有自己的感情在内，含着极端的悲伤愤慨，一口气淋漓吐出，不假修饰。就因为随口而出，不假修饰，才是真的，而不是有意做出来的，西汉的文章大概都是这样。

到了西汉末期，文风就稍为变得整齐，不经过修饰不行了。《汉书·匡衡传》载有他的一篇奏议，其中两句是："情欲之感无介乎容仪，宴私之意不形乎动静。"这样整齐的句法，字面和音调都恰恰匀称相配，如果单抽出来看，简直不像是汉代的文章，倒像六朝的骈文，这就是由散变骈的预兆。到了东汉，就减少西汉那种雄直的气势而趋向于精深细致一路了。试引崔寔的《政论》一段为例：

> 夫熊经鸟伸，虽延历之术，非伤寒之理。呼吸吐纳，虽度纪之道，非续骨之膏。（意思说：体操和气功虽能延年益寿，但不能靠它来医伤寒、治骨伤）。盖为国之法，有似理身，平则致养，疾则攻焉。夫刑罚者，治乱之药石也；德教者，兴平之粱肉也。夫以德教除残，是以粱肉理疾也；以刑罚理平，是以药石供养也。（《后汉书·崔寔传》）

东汉人发现了这样的做法，可以把道理讲得更清楚，更能深入人心。于是在单行的形式以外，又添了一种排偶的形式，以后逐渐发展，就成为所谓骈文。

当然，事实上不可能所有的文章都用排偶的形式，所以东汉到魏晋的文章往往是整散兼行的，例如人人爱读的诸葛亮《出师表》中有一段：

> 亲贤臣，远小人，此先汉所以兴隆也；亲小人，远贤臣，此后汉所以倾颓也。先帝在时，每与臣论此事，未尝不叹息痛恨于桓灵也。侍中、尚书、

长史、参军，此悉贞良死节之臣。愿陛下亲之信之，则汉室之隆可计日而待也。臣本布衣，躬耕于南阳，苟全性命于乱世，不求闻达于诸侯。先帝不以臣卑鄙，猥自枉屈，三顾臣于草庐之中，咨臣以当世之事。由是感激，遂许先帝以驱驰，后值倾覆，受任于败军之际，奉命于危难之间！尔来（自此以来）二十有一年矣。

这就是整散兼行的范例。这种文章给人以沉静平实的感觉，又换了一种境界。

六朝人的“文”与“笔”

魏晋以后直到唐初，骈文占了优势，古代质朴的文风变得愈来愈华靡了。著名的文学理论专书——《文心雕龙》就是用骈体写的。但是六朝人仍然行用两种文体，骈体名为“文”，而散行的名为“笔”。在笔的方面，他们使用了当时的口语，与传统的文言文法融合起来，因此产生了一定的新鲜感。举《世说新语》一则为例：

晋明帝数岁，坐元帝膝上，有人从长安来。元帝问洛下消息，潸然流涕。明帝问何以致泣。具以东渡（南渡）意告之，因问明帝："汝意谓长安何如日远。"答曰："日远。不闻人从日边来，居然可知。"元帝异之。明日，集群臣宴会，告以此意。更重问之，乃答曰："日近。"帝失色曰："尔何故异昨日之言邪（耶）?"答曰："举目见日，不见长安。"

这里"有人从长安来"的六个字和今天的口语简直没有区别，但在汉以前，"从"字一定不用，而用"自"字。可见文言与口语同时在变化中。而六朝时期的变化与我们今天的关系最深。例如现在口语中"这个""那个""的""他"等字都是从那时期继承而来的，不过有的字写法不同罢了。这说明文言与口语是有接近的趋向的，当然，也有些词汇现在不再行用，因而不易了解。

像《世说新语》这样的文风，有很显著的特点，就是平平淡淡，不费气力，不装腔作势。上例一段中，句头句尾也都不用助字，只在末后一个问句用一个"耶"字，表示这是当失望的时候用迟疑的口气说的。少用助字，也能使语意十分清楚，读起来使人感觉沉静，这是《世说》的特长。

与《世说新语》方向稍为不同的是《水经注》，《世说新语》不是没有辞藻，而是辞藻淡素，《水经注》则较为明秀。《世说新语》的故事性强，所形成的典故和成语已经为后世所普遍采用，脍炙人口；《水经注》则以描绘自然景物为专长，后人作游记一类的文章很能从其中得到启发。举例如下：

> 自三峡七百里中，两岸连山，略无阙处。重岩叠嶂，隐天蔽日，自非停午夜分，不见曦（日）月。至于夏水襄（上）陵，沿溯阻绝，或王命急宣，有时朝发白帝，暮到江陵，其间千二百里，虽乘奔御风，不以（更）疾也。春冬之时，则素湍渌潭，回清倒影，绝巘多生怪柏，悬泉瀑布，飞漱其间，清荣峻茂，良多趣味。每至晴初霜旦，林寒涧肃，常有高猿长啸，属引凄异，空谷传响，哀转久绝。故渔者歌曰："巴东三峡巫峡长，猿鸣三声泪沾裳。"

注意其辞藻之丰富华美，造句之整齐精练，这样的题材与这样的风格确是配合适当的。以前的古书中虽然也不是没有片段文章与此类似，但总还没有充分发展过。汉赋中描绘自然景物的也不少，但偏于用浓厚的渲染来表达，不像《水经注》手法之空灵轻秀。这对于后世写景抒情的文章有重大影响，唐宋古文中记序一类，尽管并不袭取其外表形式，实际上是一脉相承的。

到了六朝末期，特别在南方文坛上起了一种惹人厌薄的风气，无论什么文章都不免涂上一层艳丽的色彩，三言两语总离不了风云月露和妇女容饰的描绘。当然在这时期中也有优秀的作品，不过一般的作品只有外表而无内容，到后来就连外表也不新鲜了。于是在北周有苏绰等人创导复古运动，企图把文体扭转到秦汉以上，在当时也是对骈文滥调必然的反感，但单纯的复古究竟是行不通的。只是昙花一现就偃旗息鼓了，以后的二百多年仍旧是骈文盛行的时代。

元和古文运动

唐代的中期，渐渐有人将呆板的骈文变得灵活一些，但是不能完全脱离骈文的气息。只在元和时代（第九世纪的开头），韩愈、柳宗元、刘禹锡等人重新提出改变文体的主张，白居易、元稹也以新的文体试行应用在朝廷的诏敕上，风气才为之一变。韩愈尤其是大力的倡导者，他有他的鲜明具体主张，一贯不移地将他的主张贯彻在他的作品中。他的主张可以归纳为主要的两点：一是以文章为手段达到重整儒家道统的目的，同时又借着“卫道”的旗帜来宣扬他的文章。二是不在形式上回复古文的面目，却采取古文文法与当时习惯相结合的办法来找出一种易于遵守的规律。按照他自己的话，前者就是所谓“文以载道”，后者就是所谓“文从字顺”。这两种主张，都是适合当时的要求而注定能成功的，因为重整儒家道统是堂堂正正的旗鼓，为统治者及中上层知识分子所一致赞同，而在文风委靡、语法混乱的环境中形成一种整齐划一的格式，也是大众所欢迎的。

韩愈的确领导了这一运动而成功。他的文章吸收了以往各种文章的优点，推陈出新，变化无穷，特别是吸收了《孟子》《左传》以及西汉人文章的特点，所以气势雄俊而流畅，词句脱弃庸俗而又不流于艰涩。他又把汉以前可以采用的文法都采用了，不适用的就绝不混用，实际上他自己的文章就是文法的范例。按照韩文的文法作出来的句子是不会不通的，违反他的用法就会格格不入。他有承先启后之功。他以前的经书、子书、史书，凡与他的文章格式相合的，后人读起来都比较容易懂，他的文章所不用的那些不规则的格式，就都因后人不熟悉而成为过去了。在他以后所有的文言文，可以说都是以他所采用的文法为基础的。

韩愈对后世文坛的影响非常深远，然而在他的生前并不如在他的身后。他的著名作品之一《平淮西碑》是一篇极古雅的文章，赞许的人虽也不少，但是被人攻击了以后，皇帝另外派段文昌改作一篇，依然是用骈体作的。可见他在当时，究竟还是敌不过相沿已久的骈文势力。过了二百年之久，北宋初年又出现一些讲古文的人，最后经欧阳修的大力提倡，韩愈的优势地位才确定下来，他这种古文才被公认为正宗的文体。从此以后，古文的形式就再没有大的变革了。

与韩愈同时以古文著名的柳宗元，虽然主张与韩愈没有显著的不同，却仍然走着不同的路径，在作品上也表现了不同的面貌。柳不像韩那样装腔作势，开口闭口总是一套空洞的大道理。他的思想深湛，不经鞭辟入里的话是不形于笔墨的。韩从《孟子》入手的成分多，而柳在先秦诸子中近于名家法家，又吸收了佛经的精华，表现高度的逻辑性。韩以广大见长，柳以精微见长。他们两人彼此都有自知之明，也不强求一致。但有一点是两人共同的，文法都非常严格。而柳在用字上更加精审。

以韩柳为首，加上北宋的欧阳修、王安石、苏洵、苏轼、苏辙、曾巩，称为“唐宋八大家”。这就成为一千年来所谓古文的中心人物。除韩柳已经说明以外，其余六人当然都是拥护韩的，不过文章风格仍然各有不同。王安石稍微倾向于柳，三苏则近于韩的成分多些，欧曾二人虽然学韩，却没有韩从西汉人得来的那种雄直之气，所追求的是姿态上的清微淡远。

“唐宋八大家”这个名称从明末的归有光开始，大肆标榜。到了清代，以方苞为首，继之以刘大櫆、姚鼐，更加大力鼓吹，把所谓古文定成相当狭隘的范围，专以“八大家”为师法的对象。因为方苞以下都是安徽桐城人，就出现“桐城派”这个名称，在近二百年左右在文坛上拥有不小的势力。

桐城派的主张是什么呢？他们认为古文有一定的“义法”。什么叫“义法”？据说这是桐城派的始祖方苞从《史记》中找出来的两个字，作为古文的准则。至于怎样去理解这两个字，也从没有说明白过。大约可以这样说吧：谋篇布局、命意遣词，都要经过一番用心，而不是随手拈来，平铺直叙的；在结构上要有开阖擒纵、进退反正的种种变化；而在词句上要符合韩柳以下的传统习惯，不用华靡的字，也不用俗语中的字，要典雅，却不要奥僻。总而言之，只有成篇的文章才算文章。著书立说的，以及随笔小品或是应用文等等都不算。所以义法之说只能适用于狭义的文章。而且真正古代的文章倒未必符合他们所谓义法的。

再讲得透彻一点，古文家所谓义法，大约有几种禁令。比如俗语是不能写入文章的，一篇之中是不能没有前后照应的，多余的话多余的字是要避免的。太直率的话也是要避免的。

南宋以后的文体

一般说来，整个的宋代已经完全以古文为通行文体，不过不像清代的桐城派那样墨守范围。尤其在南宋，像洪迈、陆游等人的随笔文，不用古字，甚至有时还夹杂当时的口语，却并不妨害其为典雅。不讲结构，不弄腔调，不费气力，读者自然感觉舒畅，这说明古文逐步进入了适合实用的阶段，不再是专供少数文章家自己欣赏的了。我们应当注意：由唐到宋，二三百年之间，文体就有不小的距离，而由宋到近代，这一千年之久，口语变化多，而文言变化却少，我们了解宋人的文章比宋人了解唐人的文章还要容易些。这应当归功于古文运动所起的普及作用。

另外一点，南宋人又加深了古文对群众的影响。朱熹用他的平正而精确的文体作经书的注释，使经书容易懂了。这种新兴的文体自然大有助于文化传播，在科举制度中就形成了以朱注文体为考试文标准的一贯趋向。朱注文体发展到了顶点，又变成文学家所厌恶的制艺或时文，在正统的古文家看来，也是极不足取的。无奈七百年中士人都要由此进身，从小就是读的这个，学的这个，怎能脱离其影响呢？而且时文的本身虽然不好，它的构思推理，也有训练人们走向细密深入一路的益处，因而对于语法的整齐就范，也有促进的作用。

明代也有人对平庸的文风起厌薄之感，于是追求冷峭别致。他们也有一定的成就，不过究竟没有多大号召力，对于整个文坛没有引起特殊变化。

比较活跃的还是清代的文坛。除了正统古文派得到很多支持者以外，在魏晋六朝的废墟上希图建立新东西的也不乏人。他们并不完全是复古，而是别树一帜。另外，清代的特色是考据之学，而考据家也另外有一种学术性的文章，这不但是正统派古文所排除的，也是以前历代所未曾有的。由于学术研究之日益提高加深，新的文体自然应时而兴，不是旧的规格所能限制。

即以桐城派的古文而论，也显示了清代的特色，并不与“唐宋八大家”完全吻合。因为清代的应用文，如公牍，如书简，已经另成一种格式，远不与唐宋时代相同，即与明代也有分别。桐城文毕竟也不能不受时代影响，不是一味追求古雅的。

一般说来，清代古文的趋向是注重条理清楚，格局整齐，力求平正通达的。因此，与我们距离较近，也容易学。

比较近代的变化

文言的形式到了清代最后一时期，出现更大的变化。这是因为与外国语文接触的关系。当我国的学者企图翻译西方文学的时候，首先要考虑一个问题，就是用什么样的文体才合式。由于所要翻译的书主要是学术性的，而这种学术性的文字，只有和我们的子书比较接近，所以一时的趋势，突破了久占优势的桐城派，也排斥了更不入时的骈文。不但译书主要模仿子书中说理精深的词句，连传统的读经读古文的风习也动摇起来了，打开了广泛吸收古书中精华的门路。有人就感觉中国没有一项标准的文法书，对于文化传播有障碍，于是仿照西方文法的原则，从古书中找出文法规律来。这是确有帮助的。从韩愈以来到桐城派的人物，都有此心，可是说不出所以然。现在总算接近解决了。

将西方说理的文章与先秦诸子相结合，是文坛上的新鲜事物。这是第一步。

第二步又由学术而影响政治，改良派的开明人士需要向群众大声疾呼，唤起共鸣，于是创出一种辛辣激烈、痛快淋漓的文体，用在报刊上，果然发生可观的效力，足以左右一世。这种文体，不但远离了历代的传统，连同时还存在的桐城派古文也有退却的表示了。因为这种报刊上的文体虽然还保留文言所常用的助字，实际已经和口语接近，而且口语也因此而起了变质的作用，报刊上词语都介绍到实际语言中来了。这就自然引导到书面文字采用语体这条路上。

过去有一个时期，出现文言与语体的争论，一部分喜欢古文的人不赞成用语体写文章。其实古文早已在时代的前进中不断起了变化。清代的所谓古文已经不是宋代的古文，宋代的古文也有别于唐代。有了新的事物，自然有新的意境，就必须用不同的语言来表达。至于前人所积累下来的优点，当然必为后人所吸收继承。我们在今天还要重视古文，就是这个道理。

二、古文文法的特点

古文中的字和词的用法

作为一个现代的人，要理解古文，并且掌握其中的基本规律，从而能吸收、运用其优点，就需要些常识。

第一步是字和词的用法，第二步是文法。

首先谈字的用法。

古代的字一直沿用到现代的，大概都是些自然现象和常见的事物。例如“天”“地”“云”“雨”“山”“水”“牛”“马”“花”“叶”“衣”“带”“笔”“墨”之类，这些简单的字古代是什么意思，今天仍是什么意思。但古今仍有不同之点。古人所用的字有些是远较今人所用为复杂的，例如同一“山”字，如果要区别是什么山，我们只需加个形容词，如大山、小山、土山、秃山就行，而古人却可以为了不同性质的山造出不同的字。又如马，我们区别起来，只说老马、小马、公马、母马，而古语也各有各的名称，甚至几岁的马名叫什么，什么颜色的马叫什么，都有特别的字。因此，文章里有时使用古字，可以提高用法的正确性。而且为了丰富用语增加变化，还有必要使用替代字，例如一个“笔”字，有时觉得用得太多，或者太直率，又可以用“毫”“翰”等字来代替。

在动词方面也有同样情况。比如手拿东西，我们现在只用副词或附加语来表示怎样的拿法，在古语中就提供了很多的字来可以直接使用，例如“执”“持”“秉”“握”“援”“擎”“举”“把”等字，各有各的适当用途，如果用得得当，是可以使文章更加精练简括的。

动词和形容词都有古今用法之不同，我们现在说“走”，古文中只能是“行”字，而古文中的“走”，现在就要说“跑”，例如走马、走狗，就是现在说的跑马、跑狗。但是古文中还有不少与现在的“跑”字同义的字，如“驰”“骋”“骤”“奔”等，又不是一个“走”字可以包括的。我们现在说“快慢”，在古文中绝对不能这样说，有的该说“迟速”，有的该说“缓急”。不但用法不同，而且分别得更为细密。

有些动词须有宾语的，在古文中往往不必要，例如“道谢”只用“谢”，“住家”只用“住”，这说明古文的简练。

形容词有时和名词一样，有些在古文中各有各的特定意义，而口语中就只用一个字作总代表，而以附加的字细加区别。例如红的颜色，古文可以用“丹”“朱”“赤”“绛”“绯”“红”等，而口语只用一个“红”字，而用“大红”“桃红”“朱红”“水红”“粉红”等词来表示不同的红。

这些都是说古文与现代语的用字有距离，现代语中的字往往不能用在古文中。为什么不能？主要是由于文法有些不同。另外有个原因，就是习惯的关系。

从表面看来，古文和现代语的用字也有些距离不远的，只要互换一下就行。例如“之”和“的”，“此”和“这”，还有本来就是一个字，只是写法不同，读音也略有变化，例如“亦”字在今天就变为“也”字，“尔”字在今天就变为“你”字。不过仍然有文法上的问题牵制住，不能这样简单说。

其次，谈字的组合问题，在古文中，有几点值得特别注意。

我们要知道，尽管古文是与骈文对立的，并不讲究对称和整齐，然而事实上仍然有些对称和整齐的倾向。首先，字的组合总是双的，例如“分崩离析”，就是两个两个的两组。假如只有一个字好说，就必须凑一个字上去，例如“老弱转乎沟壑，壮者散而之四方”(《孟子》)，老弱是两件事，壮是一件事，所以必要加个“者”字好配上，单说一个“壮”字是断断不行的。

当然，名词不可能全是双数字，但如果是三个字的也往往在便称、简称，或敬称的时候改成两个字，例如太史公称“史公”，侍御史称“侍御”。甚至人名也可以压缩，例如司马迁称“马迁”，齐桓公称“齐桓”(不过蔺相如不能称“蔺如”，也还有习惯的关系)。

因此，又须要知道：语体文要用连词把几个名词连起来的时候，在古文往往是不需要的，比如“风雨”，“天地人”，“韩、魏、燕、赵、齐、楚、宋、卫、中山”。除非意在特别加重两个或几个之间的关系，才加上“及”“与”等字。

其次，形容词及副词广泛使用三种形式：（一）双声，就是说上下两字辅音相同而元音不同，如“渺茫”“慷慨”“辉煌”“淋漓”；（二）叠韵，就是说上下两字元音相同而辅音不同，如“迢遥”“徘徊”“灿烂”“猗靡”；（三）叠字，就是同样的字重叠使用，如“悠悠”“依依”“拳拳”“落落”。其实在口语中也常有这样的用法，不过古文中格外丰富细腻罢了。

另外还有一种带“然”字的用法，单字如“悠然”“孑然”“勃然”“萧然”，双字如“茫茫然”“兢兢然”。双字的下面，有时可以不用“然”字而用“焉”字。又有少数可以不用“然”“焉”而用“乎”字或“尔”字的，这也要看习惯，不能一概而论。这却是口语中没有的。

又其次，人身代名词如“我”“你”“他”，在古文中总是避免使用的。特别是第一人身，在口语中实指“我”的时候，如果必需，在古代往往用自己的名字，或者其他谦称，如“仆”“臣”“愚”“不佞”之类。对第二人身也是如此，除非自己是尊长，才用“尔”“汝”等字。至于对第三人身则往往重复举其名或物，完全相当于现代语的“他”或“它”的字也总是不用的。

因此，可以知道古文是更加“文饰”的，一切词语都需要斟酌适当的分寸。

又其次，古文的词语是讲究有来历的。所谓来历，就是汉代人以经书为来历，唐以前的人又增加到以秦汉及后世的经典著作为来历，唐以后的人又增加以唐代名家所用的为来历。没有来历就要嫌其粗野生硬。

来历包括典故和成语两种。前者如墨子善于守城，不易被人攻破，因而就用“墨守”二字表示坚守不移，这就是用典。但是久而久之，用得熟了，可以略略转移了原来的意思，因为墨子的守城本来是件好事，而后来用“墨守”就有点顽固不化的意思。可见典故所代表的与典故的本身不一定完全一致。后者如《书经》有“友于兄弟”这句成语，后来就把“友于”二字作为兄弟的代称。又如《易经》乾卦有“九五飞龙在天”这句成语，后来就把“九五”二字作为皇位的代称，因为飞龙是作为皇帝的象征。这样的成语运用本来有点牵强，几乎有点像歇后语或隐语，但在古代已经成为普遍的习惯，也就不觉奇怪了。

以上两种方法如果运用适宜，可以增加古文的色泽，并且可以用简单的字传达难于传达的意思。常用而容易了解的成语，例如“进退维谷”“不言而喻”“得其所哉”“谈何容易”等等，都早已吸收到口语中，假如要把这种文言译成语体，反而不能恰当了。

助字的用法

现在再谈古文的文法。所谓古文的文法，基本上不是在汉语文法以外完全另有一套。只是在古文有一种特殊的助字，即旧时所谓虚字，用法是不能与语体文相比附的。但是在说明的时候，仍然不得不勉强相比附以求其易懂。

以下选出一些最基本的助字说明其种种用法。

（一）之

大家都知道："之"就是口语的"的"。然而，一般说来只有名词在领位或名词之前有形容附加语（形附）的时候，才可以用"之"字。前者例如"臧氏之子"(《孟子》)，用"之"字是可以的。后者例如"万乘之国"(同上)，也是应该用"之"字的。但一个简单的形容词和简单的名词之间，口语用"的"，文言却绝对不可用"之"，例如：红的花决不能说红之花，强的弓决不能说强之弓，但可以说鲜红之花，强劲之弓。有人问：书上不是常有"古之人"这句话吗？不错，但这"古"字是作为"古时候"用的，是名词与名词的联系，不是形容词与名词的联系。

还有，口语"的"以下没有字的，这种"的"字在文言也不能用"之"而必须用"者"，例如"七十者可以食肉矣"，用上口语就是：七十岁的可以有肉吃了。

还有，将两件事情联起来的句子，文言用“之”字最为得神，而口语反以不用“的”字为妙。例如：“孤之有孔明，犹鱼之得水也。”（《三国志》）口语实在是说：我有了孔明，犹如鱼得了水一般。文言中这种句法是最常见的。

其次，大家也都知道：“之”可以作为外动词的宾语，等于口语的“他”或“它”。例如“其如是，孰能御之”（《孟子》），意思是果然这样，谁能挡得住他？因此，这种“之”字一定是在动词后面的。不过口语中这种“他”或“它”往往是省略的，文言倒不省略，例如“尽心力而为之”，口语最好是说：尽心竭力做起来。不一定说：尽心竭力把它做起来。“由此观之”，口语最好是说：从这一点看来。不一定说：从这一点把它看看。

“之”字作为外动词宾语还往往是倒过来用的。例如，“盖有之矣，我未之见也。”“我未之见”其实就是“我未见之”。但古文必要这样，才觉劲挺有力。

“之”字的用法是作为口语的“到”。如“将之楚”（《孟子》），就是将要到楚国去。这是很简单的。不过也要弄明确不是单纯的“到”，而是到某处去。更为正确的说法是：“之”等于“往”，上面一例最好是译成“将往楚国”。并非一切口语中的“到”，文言都可作“之”。

“之”字有时虽然好像是外动词的宾语，但这个宾语并不是实在的任何东西，而只是一种语气。例如：“天油然作云，沛然下雨，则苗浡然兴之矣。”（《孟子》）这个“兴”字，在口语中也可以说兴他起来，但“他”字是无所实指的。至于常用的复合状词，如“久之”“次之”之类，简直就没有白话可以替代。

总之，“之”字固然基本上可以当作“他”或“它”，但并不是文言所有这类的“之”字都可以说成“他”或“它”的。

（二）其

“其”就是口语中的“他的”“他们的”，或“它的”。这是大家都知道的。不过有时文言中的“其”字好像直接就等于“他”，并不是“他的”。但这是错觉。例如：“何为其号泣也？”（《孟子》）口语一定是“他为什么哭”，而不是“他的哭为什么”。在文言，这句中的“其”，仍然是作“他的”用的。总之，原则上“其”字决不能当“他”用。

另外，“其”字有作“这种”用，例如：“长君之恶，其罪小；逢君之恶，其罪大。”（同上）（意思是：养成君的罪恶，这种罪还是小的；助成君的罪恶，这种罪就更大了。）

还有，“其”字可以有假定的意思。例如：“其济，君之灵也。”（《左传》）（假定成功，那是您的福气。）不过这种“其”字，根本上还是作为“它的”用的，意思是说：“这件事的成功”，“这件事”就用“它”来代替，而“它的”就变为“其”。从严格的语法来讲，是这样的。不过我们现在不是专论语法，应该注意到文言的语气究竟与哪一种口语的语气相当。

还有，“其”字可以有希望及怀疑的意思。例如：“吾子其入也！”（你还是进去吧！）“诸侯其来乎！”（均《左传》）（诸侯会来吧！）“其然，岂其然乎？”（《论语》）（是吧！果真是吗？）在汉代，诏书中常用“其”字表示命令，这在口语中就没有适当的同义字，也没有恰当的方法来表达这种语气。

还有，“其”字可以作为一种提起下文的语助字，例如：“其藏之也周，其用之也遍。”（《左传》）（讲到收藏的方法，是周密的；讲到使用的方法，是普遍的。）本来这里的“其”字基本上还是说：它的收藏法，它的使用法。不过从语气来讲，就应该从另一方面去体会了。

此外，应该知道：有些“其”字是与别的字连起来而成复合助词的。我们经常说“其他”“其余”“其中”“其次”。在纯粹的文言中，则有“何其（奚其）”“与其”“岂其”“惟其”“其何以”“其所以”等。

（三）者

大家都知道：“者”字等于口语中某些“的”字。例如：“从先生者七十人。”（跟先生的有七十个人。）其实这个“的”是“的人”的省略，所以也可以说像这样的“者”字也是“的人”的省略。前面举过“壮者”一例，正是说壮年的人。不过不一定指人，比如说“古者”，就是指古的时代，“何者”，就是指什么道理，“或者”就是指可能这样的情况。

无论指人，指时代，指理由情况，总之，“者”的上面是形容的词句。词句可以是极长的，例如：“入则无法家拂士，出则无敌国外患者，国恒亡。”（《孟子》）意思就是：有这些情况的，国家往往会亡。所以“者”字上可以只有一个字，也可以有无数字。另外有一种常见的用法，等于口语的“是”。例如：“妻者齐也。”（《礼记》）（“妻”就是“齐”的意思。）这样的情况，“者”字必须与“也”字相呼应，单用“者”字，很难站住。不过“者……也”的用法，只有用在加重语气的时候，一般也不必要。如果说：“妻，齐也。”同样是常见的说法。

再举一个例：“奕秋，通国之善奕者也。”（《孟子》）（奕秋是全国最善于下棋的人。）按照上面所说，也可以作：奕秋者，通国之善奕者也。那么，这就显出一句中两个“者”字的不同，后面的“者”字就是开头所说的“的人”了。

所以，几种用法的“者”字碰在一起的时候，是可以节约使用的。上面就是省去一个“者”字的例子，又如“所以者何！”（所以如此理由是什么呢！）原来应该说“所以者何也”，“也”字可以省去。

（四）于

大家都知道“于”字是一种关系词（也叫介词），相当于口语中的“在”。但是文言中“于”字的用法颇为复杂，有的表示方向的关系，有的表示方面的关系，有的表示比较的关系，有的表示观点的关系。

表示方向关系的，如“固而近于费”（《论语》），就是与费这边接近。又，如“子华使于齐”（《论语》），就是到齐国那边出差。

表示方面关系的，例如：“于赵则有功矣，于魏则未为忠臣也。”（《史记》）意思就是：在赵国这方面，是有功的，在魏国那方面，却算不得忠臣。

表示比较关系的，例如：“以予观于夫子，贤于尧舜远矣。”（《孟子》）第二个“于”字就是表示比尧舜更贤明得多。第一个“于”字仍然是偏于方面关系的。意思是：依我在夫子方面观察。再举一例，如：“青出于蓝而青于蓝。”（《荀子》）第二个“于”字就是表示比蓝靛还要青些，第一个“于”字仍属于方向关系，意思是从蓝靛当中出来的。

表示观点关系的，例如：“不义而富且贵，于我如浮云。”（《论语》）意思就是：在我看来，就同浮云一样。语体若省去“看”字，单说在我，也未尝不可，不过不够流畅。

一般说来，这种关系词不能省略，一省略就会失去原意。凡是主动式动词后面的宾语，不能有“于”字，有了就变成被动式，例如“青出于蓝”，这个“出”是被动式动词，所以必须有“于”字，如果说“青出蓝”，没有“于”字，那就变成蓝靛从青中出来，成为不通的话了。

但是从上面几个例子看，如果把内动词作为外动词，外动词下面那个字当然不需要用“于”字了，比如“近于费”可以说成“近费”，“使于齐”可以说成“使齐”，“观于夫子”可以说成“观夫子”。

然而还不是这样简单。文言文法有高度的灵活性，在“不言而喻”和“约定俗成”的情况下，好像怎样都可以，不能用呆板的条规来限制。我们现在谈到“于”字，就可以体会到这种特性。例如“秦皇帝大怒，大索天下”(《史记》)这句话，“天下”是不能索(搜查)的，可以说索的是天下的人，而“的人”就不需明说了。其实这里的原意还是说大索于天下，可是“于”字省略了。

又如：“橘生淮南则为橘，生于淮北则为枳。”(《淮南子》)橘怎能产生淮南呢，自然是说橘生于淮南。可是在第一次省去“于”字，第二次又并不省，先省后不省可以，先不省后省也可以，都省也可以，都不省也可以。

最妙是《孟子》中有一段记事：“昔者有王命，有采薪之忧，不能造朝；今病小愈，趋造于朝。”先说“造朝”，后说“造于朝”，第一个“造”字作为外动词用，第二个造字作为内动词用，所以一个不要“于”字，一个要“于”字。但这是我们在这里谈文法理论，其实古人所作文章并没有计较到这些，不过末了用“造于朝”，多一点停顿和加重的意味而已。

另外，有种习惯的问题，几乎没有规律可言的。例如：“圣贤生于其时，亦无以立于天下。”（柳文）“生”“立”都是内动词，都用“于”字是正确的，但是也可以省去第一个“于”字，单说“生其时”，也很通，很好，然而若说起其时，兴其时，就不大好了。

此外，“于”字推广起来，又有“至于”“于是”等复合助词，比较易懂，不须赘说了。

（五）而

“而”字的用法，在口语中也不容易有适当的说明。可以这样说：基本上是用来联合两个形容词或动词的。前者如：“华而睆，大夫之箦与！”（《礼记》）华是华美，睆是工细。两者平列。后者如：“博学而笃志，切问而近思。”（《礼记》）博学、笃志，切问、近思各为一组，也是两者平列。

所以“而”字首先用来联合平列的词句。

继而则联合之中又分层次，例如：“胡人不敢南下而牧马，士不敢弯弓而报怨。”（贾谊文）南下、弯弓是第一步，牧马、报怨是第二步。

又继而联合之中又分反正。例如：“躬自厚而薄责于人。”（《论语》）躬自厚是一面，薄责于人是相反的一面。在语体中就必须用“但”“却”“可是”等等的词来表示了。

推广起来，“而”字可以表示以这一部分的词语说明那一部分的词语。例如：“有荷蒉而过孔氏之门者。”这是用荷蒉来说明过孔氏之门者。过孔氏之门的是什么人呢？是那荷蒉的（挑草篮的人）。又如："有一言而可以终身行之者乎？"（均《论语》）这是用可以终身行之者来说明一言。是什么样的一言（一句话）呢？是可以终身行之的一言。

以上如"荷蒉"，如"终身行之"，都算是形容附加语，还有状词附加语也要用"而"字的。例如："必不得已而去，于斯三者何先。"（《论语》）这"必不得已"是状词的性质。在什么情况之下去掉呢，在必不得已的情况下。译成语体，就是：必不得已要在三者之中去掉一个，先去哪一个呢？

像这种"而"字，在语体中不容易有相当的字。其他则有时可用"又""却"等字替代。

为了把文言的助词用在口语里，有时便在"而"字上面或下面再配一个字，例如"因而""反而""而且"等。

文言中有一些"而"字与其他的字配合，又成为复合助词，例如"然而""而后""而况""而已""而且"，这些甚至在口语中都有了基础，就不须再说明了。

有一种用"而"字的地方，因为带有条件副词的作用，就几乎可以作为"若"字看待，例如"学而优则仕"，等于说：学若优则仕。又有的地方可以作为"并"字看待，例如："远人不服而不能来也，邦分崩离析而不能守也。"（均《论语》）等于说：远人不服，并不能招来，邦分崩离析，并不能保住。

"而"字另有一种作用，可以使语气因间歇而得到缓和，这在口语中倒很难表达的，例如："天而既厌周德矣，吾其能与许争乎？"(《左传》) 这个"而"字就只帮助语气，别无意义。读者对于这种古文，必须仔细体会其语气，有"不可言传"之妙。假如说：天既厌周德矣，吾能与许争乎？并不是不通，也不是不好，而意味就差多了。

（六）以

大家都知道"以"就是口语中的"用"。最常见的用法，如"以粟易之"（用粮食交换）。"以"字和口语一样，总在它所联系的名词之前，但也可以放在所联系的名词之后，如："仁以为己任。"（均《孟子》）其实就是，以仁为己任。这就与口语不同。

"以"字有时是相当于口语中的"把"或"拿"。如："子路行以告。"(《论语》) 这里的"以告"就是"把这话告诉了"。引申起来，也有"因而"的意味，例如："不以辞害意。"(《孟子》) 可以说是：不把词句妨害意思，也可以说：不因词句而妨害意思。

有时简直可以与"因"字交换使用。例如："三代之得天下也以仁。"也就与"三代之得天下因为仁"差不多。有时简直可以与"而"字交换使用。例如："争地以战。"（均《孟子》）也就与"争地而战"的意思差不多。

"以"又有"依"或"按照"的意思。例如："孔子进以礼，退以义。”就是说：孔子依礼而进，依义而退。又如：“以吾观之。”（均《孟子》）就是说：照我看来。又如：“不以其道得之。”就是说：不按道理得来。

“以”又有“就”的意思，例如：“回也闻一以知十，赐也闻一以知二。”（《论语》）就是说：回闻一就能知十，赐闻一就能知二。

“以”又有“带着”或“同着”的意思。例如：“以申息之师救蔡。”就是带着或同着申息两国的兵救蔡。又如：“晋侯以公宴于河上。”（均《左传》）就是带着或同着公宴河上。甚至古文中有“以”简直用作“与”的。

“以”的复合助词最常用的是“以为”，这是不需解释的。但古文往往是把“以为”二字拆开用的。例如：“吾以汝为死矣。”（《论语》）实在就是：吾以为汝死矣。不过这只限于“以”字后面有名词或代称词才可以，否则还是要“以为”连用。例如：“民犹以为小也。”（《孟子》）

但口语中的“以为”在近代的文言中往往是不大用而以“谓”字代替。比如“吾以汝为死矣”就写成：吾谓汝已死。“民犹以为小也”，就写成：民犹谓之小也。

还有“是以”“所以”“何以”等词，现在已经成为口头语，不再去追寻原来的意思。其实“是以”等于“这样就”，“所以”等于“照这样就”，“何以”等于“为什么是这样”，还有“以及”等于“带同”，“以至”等于“因而至于”。

比较奇特一点的是“可以”，按我们现在的口语，“可以”实在就是“可”，按原来的意思，两个字各有各的意思。例如：“鸡豚狗彘之畜无失其时，七十者可以食肉矣。”（《孟子》）这个“可以”其实是“可用来”。用什么呢？就是用鸡豚狗彘。但是古人也有时把“可以”与“可”混起来用，同现在一样。例如：“可以死可以无死。”（同上）其实也就是可死可无死。

（七）为

“为”可以当“作”字用。例如：“是不为也，非不能也。”（《孟子》）“不为”就是不作，这是很容易明白的。

又可以当“是”字用。例如：“于周为客。”（《左传》）（对于周室来说，是客的地位。）这也是很容易明白的。

又在口语中是“替”的意思。例如：“为王诵之。”（《孟子》）（我替王述说一遍。）这种“为”字照例读去声。

并且“为”字简直可作为外动词，当“替”字用。例如：“汤使亳众往为之耕。”（《孟子》）（汤使亳人去替他耕田。）

又在口语中是“算”的意思。例如：“齐滕之路不为近矣。”（齐国到滕国这条路不算近了。）

又在口语中是“为了”的意思。例如：“不知者以为为肉也。”（均《孟子》）（不知道的人还以为是为了肉的缘故。）这种“为”字也必须读去声。

（八）所

文言的介词有很难解说、却又很容易体会的，是“所”字。文言用“所”字的时候，口语也还是用“所”字。要了解“所”字的用法，最好以《论语》中三句话为例：“视其所以，观其所由，察其所安。”这是说对人加以观察的方法，一步比一步深入。视不过是一般的看，观是注意地看，察是仔细地看。第一步看这人所接近的是什么人，这里的“以”字，前人有解作“用”的，有解作“为”的，都有点勉强。其实古语“以”可作“与”解，见《诗经》郑笺，《仪礼》郑注。“与”就是在一起的意思。这不在本书讨论的范围，不过附带说明一下。第二步看这人所采取的是什么方法，第三步看这人所爱好的是什么事。这类的“所”字，在口语中有下面的“的”字，则上面的“所”字也可以省去。

显然，“所”字在外国语法中就属于关系代称词。这个字可领起下文的一切。因此“所”字总带有“一切”“任何”“凡”的意味。例如：“所在为敌国者何可胜数？”（欧阳修文）所在为敌国就是到处为敌国。又如：“人所不及者皆能得之。”（欧阳修文）人所不及就是凡人所不能到的。又如：“随所施为无不可者”（曾巩文），就是按照他所做的任何事没有不合式的。

因此，“所”字可以推广起来而成为复合助词，最常用的是“所以”。在古文中，“所以”是作“所用”，或“所由”解的，例如："丞之职所以贰令。"（韩文）意思是"丞的职务原是用来辅助县令的"。但是演变结果在口语中就变成"故"字，而不是文言中的"所以"了。

此外，"有所""无所"，也成为常用的复合助词。例如："有所不为"，就是说有不为之事，"无所不知"，就是无不知之事。

"所谓"也是常用的复合助词。"所谓"就是所认为。例如："君所谓可而有否焉。"（《左传》）就是说：君所认为对的，其中也必有不对的。后来"所谓"二字变成了"名为"的意思。例如："又不得过南昌而观所谓滕王阁者。"（韩文）这种用法在近代文言中就很普遍，在口语中也经常被使用了。

（九）是

"是"字本来不需要说明，但在古文中有很重要的一点，需要注意。我们口语中的"是"字，文言中是不用的。比如对话中的"是""不是"，一定要说："然""否（不然）"。某人或某事是怎样，一定要说成某为某，或某，某也。例如：花是红的，只能说：花为红色，或花乃红色。孔子是鲁国人，只能说：孔子，鲁人也，或孔子为鲁人。

但也不能说古文中的"是"与口语中的"是"有不同的意义，"是"还是"是"，"非"还是"非"。不过作为等同性的谓语，就不能以"是"字来表达。

古文中的"是"，多半当"此"字用。在口语中也可以当作“这”，也可以当作“那”。比如“是年”，就是这一年或那一年，“是人”就是这人或那人。“居于是”就是住在这里或住在那里。“姑舍是”就是暂且不谈这个或那个。

古文中“是”字有没有与口语中“是”字用法相同的呢？也有的。例如：“是不为也，非不能也。”（是不肯做，不是不能。）不过古文的“是”字可以放在名词之后，例如：“古之人有行之者，文王是也。”（均《孟子》）（古时的人有这样做的，就是文王。）

“是”字的复合助词有“于是”“是以”“是故”“是则”等，都是从“此”字的意义出发的。“于是”就是在这个基础上，“是以”就是为了这样，“是故”就是为了这个缘故，“是则”就是这样就。

（十）相、见

“相”本来是“彼此”“互相”的意思。例如：“出入相友，守望相助，疾病相扶持。”（《孟子》）这里都是彼此对等的说法，相助就是你助我，我助你。与今天的用法相同。但后来稍为有些转变，指单方面的也可以用“相”字。常见的词句如“无相忘”“无相念”，其实就是不要忘我，不要念我。口语中的“相信”也变成单方面的信，而不是互相信了。

“见”等于口语的“被”或“受”。例如：“女无美恶，入室见妒。”“见妒”就是被妒。又如：“臣诚恐见欺于王而负赵。”

（均《史记》）“见欺于王”就是受王之欺。

（十一）只、仅

“只”古写作“衹”。但口语中的“只”，文言中多作“惟（唯）”“独”等。

“仅”字在唐代还不一定与近代的文言用法相同。韩愈的《张中丞传后序》中有“初守睢阳时，士卒仅万人”一语，这个“仅”字恰恰不是说少而是说多。到了宋代，这种用法就不见了。因此，我们读古书有时还要注意一些与今天习惯不相符合的字义，例如“乱”字反而作“治”字解，“去”字反而作“存”字解。不过在一般的文言中不需要考虑这个问题。

（十二）请

古文中的“请”字也略与口语不同。若指对方而言，还不过变一变次序。例如“王请勿疑”，就是请王勿疑。若指自己而言，口语就没有这样的说法了。例如：“臣请为王言乐。”（均《孟子》）口语只能说：我愿意或我想替你谈谈音乐。“请”字的这种用法，在近代的文言中也是常见的。

（十三）庶

“庶几”是“或者”“有可能”的意思。例如：“王庶几改之，予日望之。”（《孟子》）“庶几”可以省作“庶”。例如：“其亦

庶乎其可也。”（韩文）

（十四）不、弗、非、莫等

否定助词，“不”“弗”差不多可以互换，在远古的文字中，用“弗”字居多。“非”也可以作“微”“匪”。“无”也可以作“靡”“莫”“蔑”。这种都是声音之转，写起来没有一定的字。

否定而兼疑问，则有“不亦”“无乃”等复合助词。

句首助词

以下谈谈句首助词。

句首助词大体上可以分为启下和承上两种，但两者还是互相关联的，因为启下也不是凭空而来，一定是为了上面的话结束了再启下，承上也不是单为承上，还是为的要启下。这种互相关联的作用正是文言文法的特点，往往是口语所无法表达的。

先谈启下的。

（一）夫

“夫”字大概有下列几种用法：一是用在指定一件事情，特别提起来说的时候。例如：“夫仁者，己欲立而立人，己欲达而达人。”（《论语》）又如：“夫蚓，上食槁壤，下饮黄泉。”（《孟子》）口语的语气仿佛说：讲到仁，是怎样怎样的；讲到蚯蚓，是怎样怎样的。如果没有这个“夫”字，就嫌平坦，而提不起精神来。

二是用在开始预备说一段话来推阐上文的时候。例如：“夫人幼而学之，壮而欲行之。王曰：姑舍汝所学而从我。则何如？”（《孟子》）这是上面已有一层意思，还嫌不透彻，再设一个比喻，加以推阐，所以用“夫”字将文气一提。

三是用在回答人的话前面，避免突然而来。《孟子·公孙丑·下篇》的对话中，用过三次：（1）“曰：夫既或治之，予何言哉？”（2）“孟子曰：然。夫时子恶知其不可也？”（3）“曰：夫尹士恶知予哉？”细加体会，就知道不用“夫”字就显得生硬。在口语虽没有与“夫”字相当的字，但说起来，必在下面另加一个“又”字。以下的三句话必然是：（1）既然有人办了，又何必要我说什么呢？（2）是啊，时子又怎么知道这是不可以的呢？（3）尹士又怎能了解我呢？这样也能表达类似的语气。

同时，“夫”字也可以含有“这”“那”的意思，上述的第一例可以译为：这件事既然已经有人办了，又何必要我说什么呢？第二例可以译为：是啊！这位时子又怎么知道这是不可以的呢？第三例可以译为：这位尹士又怎能了解我呢？

四是用作加重语气。例如：“吾王之好鼓乐，夫何使我至于此极也！”意思说：我们的王好鼓乐罢了，怎么竟然把我们害到这步田地啊！

“夫”字也可以成为复合助词，如“今夫”“且夫”，比单用若字加重。各举一例。如：“今夫弈之为数，小数也。”如：“且夫枉尺而直寻者，以利言也。”如：“若夫为不善，非才之罪也。”（均《孟子》）

（二）盖

“盖”字基本上有大概的意思。例如：“盖有之矣，我未之见也。”（《论语》）就是说：大概是有的，不过我未曾见过。

引申起来，“盖”有疑惑的意思。例如：“余登箕山，其上盖有许由冢云。”（《史记》）这个“盖”字不能说是大概，却也有疑而不定的意思。

再一引申，凡属自己发抒见解，不敢自以为是，也往往用“盖”字来引起。虽然好像也有疑而不定的意思，其实正是肯定的意思。例如：“盖孔子尝为委吏矣，尝为乘田矣，亦不敢旷其职。”（韩文）又如：“盖仇之所以兴，以上之不可告，辜罪之不常获也。”（王安石文）

“盖”字也可以插在中间。例如：“后之君子盖亦尝有其志矣。”（苏轼文）又如：“然其令行禁止，盖有不及商鞅者矣。”（同上）这些都是用“盖”来表示肯定的。在唐宋以后的议论文中，“盖”字比古代更多些。读者需要细加体会，因为口语中几乎没有一定的方式作同样的表达。

其次，谈承上的。它也可以分为两种。

“则”字是最常见的承上助字。它本来一定是用在句首的，但所承的上文字数不多，也就放在当中了。例如“过则勿惮改”（《论语》）（错了就不要怕改正）。因为“过”是一层意思，“勿惮改”又是一层意思，第二意仍然是结束第一意，也仍然可以说是用在“勿惮改”的句首的。

唐宋以后的文章，在推阐道理的时候，总是用“则”字指出从以上的情况产生以下的结果。例如：“于是有诸侯之列，则其争又有大者焉。”又如：“善制兵，谨择守，则理平矣。”（均柳文）

不过不要忘记：“则”字也有时带“却”字的意思。例如：“赐也贤乎哉！夫我则不暇。”（《论语》）（赐真能干呀！至于我，却没有这种闲工夫。）

也有时带“那么，就……”的意思。例如：“如有复我者，则吾必在汶上矣。”（《论语》）（如果再有人向我啰唆，那么，我就要到汶上去了。）

也有时带“乃是”的意思。例如：“若《书》所谓，则大臣宰相者之事，非阳子之所宜行也。”（韩文）（至于像《书经》所说的，乃是大臣宰相们的事，不是阳子所应该做的。）

也有时带“倒是”的意思。例如：“若吾子之论，直则直矣。”（同上）（像你所说的，直倒是直了。）

总起来说："则"字是承上的，没有上文，就不会有"则"字。

引申起来，"则"的复合助词有"然则""否则"等，口语中也不断使用，不需要说明了。

又一常见的是"且"字。这个字表面看起来是启下的，实际也是承上的。因为"且"字总是在以上所说之外，再推广一层意思。不能凭空而起。

当然，两层意思有时可以像是平列的，在短句中还可以复用"且"字。例如："见信死，且喜且怜之。"（《史记》）（看见韩信死了，一方面喜欢，一方面又怜悯他。）不过多少还是有一层比一层的意思。例如："公语之故，且告之悔。"（《左传》）（公把这事情原委说给他听，并且告诉他：自己也后悔。）在这种地方，口语的"并且"恰恰传达了这种语气。

唐宋以后的文章往往用"且"字开始，另外发挥一大段意思。在口语就等于"而且还有一层"。

"且"字的复合助词常用的是"犹且""且夫"等，"犹且"就是尚且的意思，也就等于口语中的"还"字。"且夫"是在单用"且"字以外更多一点提起的文势。

唐宋以前的文章"且"字的用法还有与后来完全不同的，不作"而且"解，略带"因为"的语气。读古书的时候不可不知。

有些助字必须以承上与启下连起来看。

例如"然"字。"然"字一般是作"但"字用，表示以下所说的有与以上相反的意思。所以一面是启下，一面还是承上。例如：“吾不能早用子，今急而求子，是寡人之过也。然郑亡，子亦有不利焉。”（《左传》）唐宋以后的文章用“然”字比古代多些，古代只在十分必要时才用，如果意思已经明显，就不用。例如：“其为人也小有才，未闻君子之大道也。”（《孟子》）在后世的文章，“未闻”上面是可以用“然”字的，甚至还是必须用“然”字的。

“然”字的本义是肯定词。在古代对话中，是的就说“然”，不是的就说“不然”，或“否”。所以“然”字有“是这样”的意思。引申起来，所构成的复合助词都带有这种意义。“然而”等于“这样而”。例如：“然而不王者未之有也。”（照这样而不能为王，是没有的事。）“然则”等于“这样就”。例如：“然则文王不足法与！”（照这样说来，连文王也不足为法吗！）“然后”等于“这样才”，“独居三年，然后归。”（独居了三年，这样才回去。）“虽然”等于“虽然这样”。“予虽然，岂舍王哉？”（以上均《孟子》）（我虽然这样，难道肯抛弃王吗？）

注意：在现在口语中，“然而”已经直接代替“然”字，“虽然”已经直接代替“虽”字了。

不作为句首助词，“然”字又可作为“像”字用。例如：“木若以美然。”（《孟子》）（木料好像太美了些。）

古代的文章往往用“抑”字代替“然”字。例如：“多则多矣，抑君似鼠。”（《左传》）（好是好，然而您像只老鼠。）

古代又有一种复合助词“然且”。例如：“识其不可，然且至。”(《孟子》)(知道不行，然而还是来了。)在后世则多用“然犹”。

“不然”作为复合助词，带有“若不这样”的意思。例如：“不然必败。”(《左传》)(若不这样必败。)

句首助词有些是表示转折的。所谓转折，就是两方面要相互呼应。

一是“苟”字和“若”字。这与“藉使”“假令”“果若”等词相近似而微有区别。例如：“苟为善，后世子孙必有王者矣。”这里的“苟”字有“只要”的意思。又如：“若于齐则未有处也。”(均《孟子》)这里的“若”字有“至于”的意思。又如：“藉使子婴有庸主之材。”(贾谊文)这里的“藉使”有“假使”的意思。

二是“不唯”“匪唯”“微特”“非徒”等词，用来撇开一层，再加一层。上面用了这种助词，下面多半需要用“亦”“又”等字，即使不用，也必带有这种语气。例如：“非徒无益，而又害之。”(《孟子》)

三是“与其”一类的词，表示退一步设想。例如：“与其杀不辜，宁失不经。”(《书经》)“与其”总是与“宁可”或“不如”同用的，单独不成意义。但远古的文字也有单用而将下句的意思含蓄在不言之中的。

四是“纵令”一类的词，表示进一步的设想。例如：“纵令其乱人，戚之而已。”(柳文)这类的助词在口语变为“即使”“尽管”，下面往往以“不过”“也无非”等相呼应。

五是“非”与“不”字的配合，例如：“非千金之子，不能运千金之资。”（苏文）

六是“既”与“又”字的结合。例如：“既有利权，又执民柄。”（《左传》）这在今日，还是适用的。不过古文中的“既”字有时偏重“已经”的意思，就不一定与“又”字相呼应。

句尾助词

句尾助词实际上的作用相当于标点，特别是在表示疑问、感叹的时候，这种作用非常明显。但句尾助词的作用却不是标点所能代替的。现在把几个重要的句尾助词分别说明如下。

（一）也

第一，“也”字表示一句话的肯定。例如：“不好犯上而好作乱者，未之有也。”（《论语》）这里“未之有也”等于说：这是没有的。

第二，“也”字表示一句话的提起，有待于下文的补充。例如：“君子之至于斯也，吾未尝不得见也。”（《论语》）这里连用两个“也”字，第一个“也”字提起下文，第二个“也”字，如上所说，表示完全肯定。仿佛说：君子到了这地方啊，我从没有见不着的。

第三，“也”字表示诘问的语气。例如：“是可忍也，孰不可忍也？”（《论语》）第一个“也”字如上所说，提起下文，第二个“也”字就等于“耶”“乎”“哉”等字，特别是“耶”字（古写作“邪”），古代往往与“也”字通用。

第四，“也”字相当于口语中动词的“是”。特别在与“者”字同用的时候。例如：“毛颖者，中山人也。”（韩文）等于说：毛颖是中山人。这在史书里是最常见的。又如：“非求益者也，欲速成者也。”（《论语》）等于说：不是求进步的，是希望速成的。

第五，“也”字带有感叹的意味。在大多数的古文词句中都可以体会到。专从《论语》看，例如：“子闻之曰：‘是礼也。’”等于说：这就是礼啊！又如：“父母之年不可不知也。”等于说：父母的年纪不可不知道啊！又如：“不图为乐之至于斯也！”等于说：想不到快乐到这步田地啊！这类的例子举不胜举。

第六，在古代，称人名或自称名之后往往加一“也”字。例如：“回也不愚。”又如：“丘也幸。”（均《论语》）后来这种习惯没有了。但不是人名而在后面加一“也”字以提高音节，加强语气，也是古代习用的手法，为后世所沿袭的。例如：“女也不爽，士贰其行。士也罔极，二三其德。”（《诗经》）

“也”字不止于在本句中发生作用，而且有时与上句连起来，可以代替连词，使读者从语气体会到其中的关键。例如：

“其知可及也，其愚不可及也。”实际上是说：然而其愚不可及也。又如：“古者言之不出，耻躬之不逮也。”（均《论语》）实际上是说：由于耻躬之不逮也。省去“然而”“由于”两项连词，意思仍然是很明显的。

总起来说，“也”字的用法是最灵活的，有时用在名词之后，有时用在句子的一半，有时用在全句的末尾，有结束的意义。有时还可以连用二三次，各有各的意义。主要还是帮助语气的舒缓，例如“其行己也恭，其事上也敬”（《论语》），其实中间不用“也”字是很可以的，用了无非使语势多一点顿挫。

（二）矣

如果与“也”字对照起来，“矣”字就显得更有斩钉截铁的气势。《左传》有一段对话，表演这两个字的用法最为生动。录之于下：

> 楚子登巢车以望晋军。子重使大宰伯州犁侍于王后。王曰：“骋而左右何也？”曰：“召军吏也。”“皆聚于中军矣。”曰：“合谋也。”“张幕矣。”曰：“虔卜于先君也。”“彻幕矣。”曰：“将发命也。”“甚嚣，且尘上矣。”曰：“将塞井夷灶而为行也。”“皆乘矣，左右执兵而下矣。”曰：“听誓

也。""战乎？"曰："未可知也。""乘而左右皆下矣。"曰："战祷也。"

这是说楚王在楼车上亲自侦察晋军的行动，他每看到一种情况，就问他的顾问官伯州犁。伯州犁就向他一一解释，因为伯州犁本是晋国人，所以熟悉晋国的事。楚王说："他们纷纷向左右两边跑，是做什么？"他说："这是召集军官。"又说："都集合在中军了。"他说："这是开会。"又说："张起帐篷了。"他说："这是祭祖。"又说："卸下帐篷了。"他说："这是预备发布命令。"又说："乱哄哄的，灰尘涨天了。"他说："这是预备清除营地，布列行阵。"又说："都上车了，拿着兵器又从左右两边下来了。"他说："这是听取宣誓。"又说："是不是准备作战呢？"他说："还不一定。"又说："上了车，又从左右两边下来了。"他说："这是战前做祈祷。"

从这里可以看出文言用"也"字，口语就用"是"字。文言用"矣"字，口语就用"了"字。因此，"矣"字的基本用法是不难明了的。

比较难说明的是与"也"字同用的时候。大约先结束第一层意思用"矣"字，则结束第二层意思的时候用"也"字。例如："子谓韶尽美矣，又尽善也，谓武尽美矣，未尽善也。"又如："盖有之矣，我未之见也。"（均《论语》）为什么一定要先用"矣"后用"也"呢？因为"也"字带有"但"字的意味，正如前面所指出的。

“也”“矣”连在一起，比单用“矣”字多一层慨叹的意味，这时“矣”字可写作“已”。例如：“年四十而见恶焉，其终也已。”正如“矣”“哉”连在一起，又比单用“哉”字加深慨叹的意味。例如：“饱食终日，无所用心，难矣哉！”（均《论语》）

“矣”字有时直接可作“乎”字用。例如：“何如斯可谓之士矣？”（《论语》）

（三）乎、哉

疑问助词中“乎”“哉”二字用法的分别，是不很清楚的，一般说来，需要回答的问句用“乎”字，不然就用“哉”字。用下列一段《孟子》为例：

> 曰：“梓匠轮舆，其志将以求食也。君子之为道也，其志亦将以求食与？”曰：“子何以其志为哉？其有功于子，可食而食之矣。且子食志乎？食功乎？”曰：“食志。”曰：“有人于此，毁瓦画墁，其志将以求食也。则子食之乎？”曰：“否。”曰：“然则子非食志也，食功也。”

注意：“与”用在句尾，即后来的“欤”字，与“乎”字大致相同，不过“欤”字更多一点委婉的神气。在这一段里，显然可以看出用“哉”字不过是一种反诘的口气，不需要对方回答，用“乎”字就需要对方回答，而对方提出来的反驳，带些俏皮口吻，就用“与”字。

然而在单独用的时候，也有不能拘定的。大约单独用“乎”字，可能是语气非常和婉，并不急于要对方回答。例如：“或者不可乎？”（《孟子》）又如：“以与尔邻里乡党乎？”（《论语》）在口语中正好相当于“吧”字。如果改用“欤”字也一样，但不宜用“哉”字。

“哉”字也可以用在需要回答的问句。例如：“何哉尔所谓达者？”（《论语》）这里“何”“哉”二字本是可以放在句尾的。如果改用“欤”字，也一样，但不宜用“乎”字。

“哉”字可作赞叹用，例如：“大哉孔子！”这是没有别的字可代替的。但如“已矣哉！吾未见好德如好色者也”（均《论语》），改用“乎”字也一样。但绝不能用“欤”字。有一种形容词可以与“欤”字相连，如“猗欤”“懿欤”，但不多。

我们还要知道：问句不是都需要用句尾助词的。假如问句的意义已经显明，就可以省去，特别在已有“岂”“何”等字的时候。

疑问助词不一定在句尾，如果用了句首的疑问助词，则句尾的也可以省去。“岂”“何”就是用在句首疑问助词之一例。这些多半是组合起来使用的。例如“岂有”“岂能”“岂止”“岂不”“何以”“何尝”“何为”“何如”都是。

“何”字有时可改用“胡”字，又可以改用“奚”字，可以改用“曷”字。“何不”二字有时可以合起来用一个“盍”字。

“岂”字可以改用“讵”字，也可以改用“宁”字，还可以改用“庸”字。

远古的古文常用“敢不”二字，实际也是疑问助词用在句首的。例如：“敢不唯命是听！”就是何敢不，岂敢不。也有时单用“敢”字，句尾也不用“乎”“哉”等字。这种句子，表面上与肯定语气无异，只有从上下文体会出来。在简短劲健的文章中，是可以这样的，正如口语，疑问句和述说句也只在声调中区别就够了。

句尾的疑问助词，如同上面所说的“盍”字一样，可以两字拼为一字，例如：“之乎”二字可以拼成“诸”字，“之焉”二字可以拼成“旃”字。说得慢些是两个音，说得急些，就变成一个音了。这类的例在古书中常见。

（四）焉

“焉”字只带小半疑问意味，大部分并不是的。而且这个字在口语中找不到适当的同义字。只可从古文的文义上体会。举几个例：

“就有道而正焉。”（以下均《论语》）意思是：向有道之人请教请教。

“有妇人焉，九人而已。”意思是：其中有个妇人，实在只算九个。

“不可则止，毋自辱焉。”意思是：不肯听就算了，不要自讨没趣。

“蘧伯玉使人于孔子，孔子与之坐而问焉，曰：‘夫子何为？’”意思是：蘧伯玉派人到孔子那里，孔子陪他坐着，问他：老先生近来做些什么？

“众恶之，必察焉；众好之，必察焉。”意思是：大家说是坏人，还要调查调查；大家说是好人，也还要调查调查。

“天何言哉？四时行焉，百物生焉，天何言哉？”意思是：天何尝说话呢？四时由它行着，百物由它生着，天何尝说话呢？

“见其二子焉。”意思是：叫两个儿子出来见见。

“君子之过也，如日月之食焉。过也，人皆见之；更也，人皆仰之。”意思是：君子犯起错误来，如同日月蚀一样。错误的时候，人都看见的；改正的时候，人也都望到的。

从以上各例看来，“焉”字都是在一句话下面轻轻一顿的表示。试看与“也”字同用的时候，就更显明了。如：“他人之贤者，丘陵也，犹可逾也；仲尼，日月也，无得而逾焉。”“犹可逾也”的停顿语气重，“无得而逾焉”的语气轻。

再看：“爱之能勿劳乎？忠焉能勿诲乎？”“爱”是外动词，须有宾语，所以用“之”；“忠”是内动词，不能有宾语，所以用“焉”作为停顿。在今天的书面文字，“忠”字下面应当用逗点。这也可以帮助了解某些“焉”字的用法。

“焉”字用在句首，则表示疑问语气。例如：“未能事人，焉能事鬼？”“焉”字有时可以改作“安”字或“乌”字，实际就等于“何”字。

（五）其他复合助词

古文中往往有两三虚字连同起来用的，例如：“已矣乎！吾未见能见其过而内自讼者也。”又如：“可谓好学也已矣。”又如：“语之而不惰者，其回也与！”其实“已矣乎”也就是已矣！“也已矣”也就是也矣，“也与”也就是欤，不过再加一个字更觉婉转。

另外有些复合助词是古语今语没有十分差别的，例如：“然而”在口语怎样用，文言也可以照样用。但“虽然”在口语中只等于文言的“虽”字，不能用虽然。文言的“虽然”是“虽然如此”的意思，“虽然”是要单独成一短语的。口语的“固然”，文言也只能单独用“固”字。“果然”也只能单用“果”字。必须注意。

又如“犹”字与“况”字。“况”是在原有基础上再加深一层说的意思。例如：“蔓草犹不可除，况君之宠弟乎？”（《左传》）上面用“犹”字，是从浅的一层说，下面用“况”字，就是从更深一层说。在口语中也还是这样用的。这两句译成语体，就是：蔓草尚且无法清除，何况君的一个有面子的兄弟呢？

单用一个“况”字有时嫌不够力量，往往再加上一个字，如“而况”“何况”“又况”“其况”等等，现在的口语中则通用“何况”。

又如“无宁”相当于“不如”，“纵令”相当于“即使”，这是不须逐一举出的。

三、古文的体裁与风格

《古文辞类纂》
——古文选本之一

可读的古文，经过前人精选，而结集成书的，种类之多，不可胜计。在古代流传最广最久的，首推《文选》，因为是梁代昭明太子萧统所编的，一般称为《昭明文选》。它的体例是专收单独能成篇的文章，所以经书、子书、史传，凡已成专著的都不收。在这部选本中，各时代、各流派、各体裁都有些代表作。大体上是公认的良好选本。但是从今天的要求来看，未免偏重美文方面，而且近一千多年来重要的发展不能包括在内，所以只能作为纯古典的总集，专供高深的研究，而不适于一般阅读。

在近代，古文的权威选本不能不推清代姚鼐的《古文辞类纂》。他的宗旨确定以唐宋八大家这一系统所认可的文章为范围，内容大部分从《史记》《汉书》及八大家文集中选出，明清两代则只限于归有光、方苞、刘大櫆的少数作品。尽管范围相当狭隘，数量却不算少，它作为古文读本也有一定的价值。从这部书中可以使读者明了古文发展的概略，以及体裁的区分。所以在近二百年来，学习古文的人都把它当作必备之书，以前的各种选本就渐渐不被人注意了。

姚氏的书以“类纂”为名，可见他注重体裁的分类，有他自己的见解。他所分的是十三类，都有略加说明之必要。

第一是论辨类。在这类中主要是评论历代史事的文章，开创风气的是贾谊的《过秦论》。以后就有人专以某个人物或某件史事为题，辨其得失优劣，也有人以类似的人物或史事综合起来加以评论。这种论史的文章，在宋以后最为发达。在古人大都是为了针对当前的问题，借古事作印证，发挥自己的主张，自然是出色的！不过后人往往变成以自己的见解强加于古人，空发一篇议论，毫无实际作用，就不免成为滥调，没有价值了。

论辨之中，也有直接对当时的某个人物或某件事实发表意见的，如韩愈的《争臣论》就是直接对阳城的一封公开信，对他提意见。也有用来发挥一种理论的，纯粹从抽象的观念出发，如韩愈的《原性》《原毁》就是这种性质。

也有不用论或辨的名称，而实际仍是论辨的，如韩愈的《伯夷颂》、王安石的《复仇解》都属于这一类。

大凡论辨的文章要说理透辟，一层深于一层，具有高度说服力，才是上品。根本问题还是要作者自己有好学深思的能力，见到人所不易见的，然后用犀利的笔调写出。这种笔调以《孟子》为最擅长。

古人的论辨还讲究用譬喻、辞藻来陪衬，使文章不流于枯燥沉闷，宋以后就不甚注重这一点了。

第二是序跋类。一般说来，序是书的前言，跋是书的后记。说明书的内容、旨趣，向读者作介绍，就名为序。有什么补充意见，写在后面，就名为跋。但序不一定对一部著作而言，在正史的志、表或传里也可以有一篇序作为总的说明，对于一篇文章或一组诗也可以作序。尤其对于前人的一篇文章可以用“书后”的名义发挥自己的意见，这与跋是没有分别的。

韩愈有一篇《张中丞传后序》，实际上等于是张巡的传记，而文章的形式是以与朋友的谈话记下来的。所以序跋并不一定是发挥意见，也可以记载事实。正如前面所说的论辨类也有记事实多于发议论的，例如苏轼的《志林》中《鲁隐公》一篇就是如此。文章的体裁只能有大体上的划分，彼此之间仍然有交叉的关系。

第三是奏议类。这是对统治者的陈说、劝谏或建议，要求明白畅达，切实而又婉转。汉代奏议的名家有贾谊、晁错、刘向等，而赵充国的《屯田奏》，及贾让的《治河议》尤其是具体建议的优良范例。后来则诸葛亮的《出师表》，王安石的《上仁宗皇帝言事书》，最能表现古代政治家的宏伟抱负。唐代的陆贽最擅长这种文章，他分析问题，指陈是非得失，既能深入，又能显出，很有生公说法、顽石点头的本领。姚氏因为是骈文，不选，其实陆贽奏议的价值是不可磨灭的。

第四是书说类。按照姚氏的分类法，以战国时代策士游说之词为“说”，以平常通信为“书”。但是策士游说也不外乎对执政者的劝谏或建议，仍然与上面的奏议类没有显明的界限。至于通信，诚然是文章的另一形式，但姚氏所选这类的文章仍以发议论的为主，并不包括友谊的通信，所以这书说一类很难独立存在。

第五是赠序类。这种文体只在唐代才开始出现，往往是替人饯行的，好像是赠人以言的意思。其中可以抒写彼此的交情，也可以表示颂祝、期望、勉励、感慨。典型的范例是韩愈的《送董邵南序》和《送孟东野序》。董邵南是到河北去谋事的，因而就河北的风土人情发一番感慨。孟东野是个不得意的诗人，所以提出“物不得其平则鸣”的感慨。这种的序与序跋的序不相同，但是仍然不能越出论辨与书说两类的范围。明代以后另有一种用来祝贺生日的，名为寿序，也无非由赠序推广。

第六是诏令类。这与奏议类恰恰是相对的，前者是上对下的文告，后者是下对上的陈述。姚氏所选专限于汉代的诏书。因为汉代诏书有其独特风格，而近代的诏书大都是缺乏内容的公牍文，不够典雅，所以不在古文范围之内。韩愈的《祭鳄鱼文》实在是游戏文章，姚氏却因为它也算是一种文告，也列入了。

第七是传状类。传应该是史书中的一部分。但有些人不够列入史传的资格，而事迹值得记载，文学家也往往写成非正式的传存入自己的文集中。也有些文学家通过个别人物的描写来发抒自己的见解，名义是传，而实际还是议论。像韩愈的《圬者王承福传》，柳宗元的《种树郭橐驼传》《梓人传》都是。韩愈有一篇《毛颖传》，是以写字的笔为题材，用寓言的手法使其人格化，表现高度的艺术想象，博得当时读者的喜爱。但经后人一再模仿，新鲜别致的文体又变得庸俗了。状是行状的省称，行状本身不能算是传，只是提供详尽的具体事实，以备作传时的采择，但也必须经过组织与排比，使其成为整洁的文章。

第八是碑志类。这都是刻在石上以备流传久远的。大体上又可以分为三种：一种是纪念一项历史事件的，例如秦始皇每巡行一处就在一处立石，用韵文体裁作成铭文。又如唐元和时代削平淮西吴元济的叛乱，韩愈奉诏作《平淮西碑》，正文是散文，然后用韵文作四字句的铭，都不外为皇帝歌功颂德。另一种是纪念建筑物或永久性建设的，例如城垣、道路、桥梁、堤堰等。但姚氏所收只以庙宇为限。此外，最常见的就是墓碑和墓志了。墓碑是立在墓前或墓侧的，如果本人的身份是贵官，还有所谓神道碑，也有称墓表、墓碣的，总之都是指示所葬的人姓名事迹，加以赞扬。墓志所以不同于墓碑者，只是随棺入土，为的是年深岁久，万一被发露出来，可借以辨认是何人之墓。墓志有附铭的，也有单用散文不用铭的，有铭的就称为墓志铭。从汉代以来，立碑刻文的风气一直盛行，而南北朝以后又加上埋藏圹穴的墓志。有的为自己的亲友而作文，有的应达官贵人之命而作文，不问有无可传的事迹，几乎人人死后都要有一篇文章，于是就成了不堪一读的滥调了。韩愈作的这种文章最多，为了应付人家的请求，不得已只好无中生有，装点一些空话，变换一下方式，以求推陈出新，所以他的碑志与以前的传统格式有所不同。但他的新格式又被后人沿袭，也成为滥调了。大凡这种文章总是以感情深厚的为好，像韩愈与柳宗元有着文学上的共同情感，所以《柳子厚墓志铭》这篇就特别动人。欧阳修为了纪念他的父母，从他的寡母口中写他从小就亡故的父亲，自然是从天性发出的，所以他的《泷冈阡表》也是不朽的名篇。

第九是杂记类。按姚氏的意思，这与上面的碑志类有连带关系。因为杂记也可以分两种，一种也是刻在石上的，另一种则不过有这一篇文章，并不刻石，也没有刻石的必要。如果是前一种也就与碑无别了。不过按姚氏的意思，碑专指歌功颂德的那一种，至于题目小些的就算是记，不问是不是刻石的。其实不如这样说：凡是描绘山水、名胜、园林、风景的，或是说明一种事物的，都属杂记一类。姚氏所选这一类的文章，主要是柳宗元的游记，用秀洁清幽的笔墨为风景写生，为古今传诵的名作。韩愈的画记为一种艺术品传神，手法极其细腻，具有高度的组织技巧，也是非常值得学习的。

第十是箴铭类。这些都是韵文，内容多半含有告诫、勉励的意味。

第十一是颂赞类。原则上也是韵文，意味则以赞扬为主。但是古人有居其名而不居其实的。例如扬雄的《酒箴》，实在是一篇酒赋。意在讽刺，既非告诫，亦非勉励。韩愈的《子产不毁乡校颂》，虽然是韵文，虽然以颂为名，意在赞扬，其实是一篇评论，借以抨击当时执政者不能采纳舆论。至于柳宗元的《伊尹五就桀赞》，简直没有用韵，连形式也与一般的论说相同。这是柳氏借以表明自己的政治观点，并非真是对于古人古事无端有所仰慕而作一篇空的颂赞。这与张载的《西铭》，用古奥庄严的韵文词句来抒写哲学思想，都可以说文体是受思想支配，而思想不是受文体支配的。

第十二是辞赋类。从屈原的《离骚》起，辞赋是一种重要的文体，在两汉时代取得了充分发展，在盛行骈文的六朝及唐代，尤其有深切影响。即使在古文占优势的时代，也还需要借助于辞赋中的辞藻，来作适当的渲染和衬托。显然，像韩愈的《进学解》，苏轼的《赤壁赋》，不就是从汉魏六朝的辞赋中脱胎的吗？韩愈的文章不有时还保留着骈文的面貌吗？由此可知姚氏虽然标榜着唐宋八大家正统派的古文，毕竟不能完全排斥骈文，也就不得不将辞赋选入他的所谓古文了。姚氏自己说，“古文不取六朝人”，然则他也承认六朝人的文章也不能不算古文，不过不被正统派承认罢了。《古文辞类纂》的这一部分，除了韩、苏的几篇以外，几乎全是昭明《文选》中所已有的。那么，又不如直接从《文选》中阅读了。

第十三是哀祭类。这也是从辞赋中分化出来的，“唐宋八大家”用古文的笔调写入韵文中，颇能表达沉痛的心情，所以独为一类。

从以上的分类中可以看出，实际仍不外说理、记事、抒情的三种。不过按姚氏的意思，主要是说理的，只有碑志、杂记偏重记事，箴铭以下四类偏重抒情。而且整个看来，无论属于何类，都不能完全离开议论，记事之中必有议论，连韵文也还是在发议论，议论又往往是露骨的。这似乎是“唐宋八大家”正统派的一条准则。当然，既是作一篇文章，总有自己的见解在内，不过古人不一定在表面露出。例如《史记》中的各传，除记事以外，并没有什么褒贬的话，然而读者自然感到有爱有憎。又如鲍照的《芜城赋》，是针对当时皇族自相残杀以至城邑丘墟的事实而写的，又何尝将这个意思明说出来呢？由于韩愈提出文以载道这条纲领，于是正统派的古文家就以能不能发挥大道理为文章评价的计算尺。原意固然是好的，不过到了后来，又由于偏重议论，作家往往被肤廓庸俗的一副空壳笼罩住了，既无精辟的见解，又无清新的境界。这种古文，尽管形式上符合“唐宋八大家”的传统，实在是无足取的。

分类本难有一定标准，古人作文章，固然要相体裁衣，却也不是自己先定下一个模型。况且姚氏这种分法也有后人提出修正了，不能作为定论。不过我们不能不知道大约有这些不同的体裁而已。

姚氏以后，又有王先谦、黎庶昌两家各编一部《续古文辞类纂》，对于清代的古文有所增入；王氏比较狭隘，仍以桐城派正统为范围，黎氏则打破陈规，选了更多的名篇在内。黎氏的《续古文辞类纂》是继曾国藩的《经史百家杂钞》而作的，对于后者有补充的作用。他们的旨趣，在于对读者提供一些知识性的文章，使读者在这一部书里可以看到古代文章体制以及重要史事的轮廓，在学习作文章的同时，也丰富了自己的知识。这番用意是比姚王二氏高明的。不过在今天看来，还可以再压缩一些，既可以扬弃糟粕，又可为读者节约阅读的工夫，就更切于实用了。

《古文观止》
——古文选本之二

和《唐诗三百首》一样，以一个不出名的编者编成的一部《古文观止》却比任何其他古文选本拥有更广大的读者，经受更长时期的考验。而且这两部书出现的时代也大致相同，到今天都在二百年以上。为什么会有这样优秀的欣赏价值，是值得细加体会的。

《古文观止》最突出的特点是只分时代先后而不分体裁，非但不像《古文辞类纂》那样分为论辨、序跋等等门类，而且没有把骈文完全排除出去。文章的来源也不限于专篇，从经书、史书中都采取了一部分。固然还是以“唐宋八大家”为中心，但也包括一些“八大家”以外的文章。由此可以体会到编者的用意是要以极精简的篇幅，使读者可以认识从古代到近代多种优秀作品的面貌，对于不同的风格都得到“尝鼎一脔”的机会。

这书分十二卷，文章约二百篇。所选的内容，第一、二卷完全是《左传》，第三卷中有《国语》《公羊传》《穀梁传》，及《礼记》的《檀弓》。《公羊》《穀梁》二传与《左传》记同样的史实而用完全不同的笔法，《左传》注重姿态，而《公羊》《穀梁》以清劲素朴见长，一般学作文章的往往单效法《左传》，很少能汲收《公羊》《穀梁》优点的。而《古文观止》能注意于此，是见解卓越的地方。《檀弓》记事的文章也在《左传》之外别具一种风调，在情感的融会上有时超过《左传》，所选的六段足以为这种文章的代表。

第四卷几乎全从《战国策》中选取。第五卷则都是司马迁的文章,《史记》中各种面貌的短篇都有所采录。不过我们可以体会到编者的意图是便利诵读,所以篇幅较长的就不能不割爱了。第六卷从两汉的文章中选的,但十六篇之中,东汉只占两篇,三国占两篇,其余十二篇,又被皇帝的诏书占去三分之一,其实有些是不需要读的。

第七卷有十九篇,其中六篇是六朝的,这六篇却的确很受人重视。此外则是唐人而不属于八大家系统的几篇文章。最后五篇一直到第九卷的前一半,则都是韩、柳两家的作品了。

第九卷的后一半也有几篇宋人而不属于八大家系统的,以下一直到第十一卷则都被欧阳修、苏洵、苏轼、苏辙、曾巩、王安石的文章占去。第十二卷选了些从明初到明末的几个有名的人的文章。

一般说来,《古文观止》所照顾的面比较宽广,颇能指示学者以阅读和习作的方法。在旧时代中,一般中等文化水平的人总读过"四书","四书"的文法多少能够领会,但是在读了"四书"以后,追求更高深的文学知识的人是不多的,想读到其他经书史书,就不容易。现在《古文观止》能每样介绍一点,以不多的篇幅满足中等水平的求知欲,确有它的长处。

但按今天的要求来说,其中可以淘汰的还不少,而子书中像《庄子》这样具有文学价值的书,竟然一篇都不选,是非常不适当的。至于所取的宋人，只以北宋为限，像陆游、朱熹、洪迈的文章都被排斥，也显然是偏见。

当然，任何选本都不能包罗万象，应有尽有。而且作为学习的对象，其实也无须要求其全面。即使有一部首尾完备、面面顾到的选本，我们也不过各就自己性之所近，精选其中一部分加以熟读，以求打好基础。将来有了余力，再广泛阅读，倒不失为循序渐进的方法。

学习古文的关键

古文选本是供人诵读学习的，这里提供一些必要的参考。

根据前人的经验，学古文的第一重要步骤是诵读。而诵读是要读出声来的，并且是要读出节奏来的。这需要自己潜心去积累经验。因为古文的特点，首先是转折层次的分明。有起有伏，有抑有扬，有过渡，有转折。从这种种表达思想的路径，并且表达作者期待读者共鸣的感情。诵读起来，如果符合文章的气脉和情调，那就是能体会到文章的深处。如果诵读起来，应该停顿的没有停顿，应该奔放的没有奔放，应该分高低声调的没有分，那将说明文章自文章，读者自读者，根本还不能理解，又怎么能从中吸收其优点供自己运用呢？

桐城派的古文家教人先快读一遍，走马看花地明了其中大意，然后细读几遍，揣摩其中脉络，发现什么地方应该高声提起，什么地方应该低声按下。这样去理解古文，才是自己受用的，通过这样的功夫，才有深刻的印象留在脑子里。不需要强记，自然透熟。据说姚鼐读韩愈的《送董邵南序》，这篇文章开头一句是："燕赵古称多感慨悲歌之士。""燕赵"二字一停，是不用说的。底下的九个字，"古称"二字一停，"多"字拖长，"感慨悲歌"四字连读，到"歌"字微吟不绝，"之士"二字每字都拖长，而"士"字更特别长，有余音袅袅之势。这一句文章就要反复咏叹到很久一段时间，表明十一个字有不少层次转折，因而将感慨悲歌的意味烘托了出来。这并不为夸大，像《送董邵南序》这样的短文，本来就是靠音调传出层次的，没有深曲的层次就会毫无意味，所以诵读起来，绝不能简单直率。至于其他文章，也可以适当地采用这种方法。

古文之所以多用语助词，就是为的使读者容易领会其中的神情口吻，所以诵读起来，必须注意句首用的是什么助词，句尾用的是什么助词。同时还要注意到没有用助词的地方，暗含什么样的意义。例如上面所举的例，开头并没有用助词，却是突如其来。然而也并非突如其来，实际上等于说："夫燕赵者，古称多感慨悲歌之士。"所以"燕赵"二字暗含着有"夫"字提起的意味。为什么不明用而只暗含？因为要避免平凡落套，要表示句法劲健，富有精神。所以好文章读起来是有味的。

古文不像律诗那样要求字数的整齐和平仄声调的规律化，但无形中也不能违反制约和平衡的原理。过分奇零参差，和过分单调，总是不好的。古文也是经过组织的语言，为了听感的条畅，必须在不整齐之中寓有整齐的意思，试将下列一段《论语》的句法和声调研究一下：

> 子路率尔而对曰："千乘之国，摄乎大国之间，加之以师旅，因之以饥馑，由也为之，比及三年，可使有勇，且知方也。"

"加之以师旅"两句，就有对偶的意思，其他一句之中或句与句之间，大体上平仄声都是相间使用的。

姚鼐在《古文辞类纂》的序目后说："凡文之体类十三，而所以为文者八，曰：神理气味格律声色。神理气味者，文之精也；格律声色者，文之粗也。然苟舍其粗则精者亦胡以寓焉？"在诵读的时候，首先感觉到是声，所以将声提出来先谈一谈。

总起来一句话，能够通过诵读传出情感的就是好文章。文章是慷慨激昂的，读起来也会慷慨激昂；是缠绵悱恻的，读起来也会缠绵悱恻；是和平愉快的，读起来也会和平愉快；是沉静幽深的，读起来也会沉静幽深。

文章的基本规律

文无成法，但大体上也有些规律可寻。前人评文，以格律神理气味的有无，来衡量文章的美丑。所以讲作文，这六个字还是可以为法的。

所谓“格律”，“格”是指一篇的布局，“律”是指的一句的措辞。

一篇文章，无论长短，总不能从头到尾毫无转换。大体上“起、承、转、合”四个字是不能完全离开的。从什么地方说起，这就是起。开端以后，接下去说，这就是承。要将意思说清楚，必须推开来，或从反面，或从侧面，或加一番描写，或加一番分析，这就是转。最后加以结束，点明这一篇的中心问题，或者回顾到开端的话，这就是合。无论叙事文或议论文都是如此，抒情文也不例外。举《礼记·檀弓》篇中一节为例：

> 曾子寝疾，病。乐正子春坐于床下，曾元、曾申坐于足，童子隅坐而执烛。童子曰：“华而睆，大夫之箦与（欤）！”子春曰：“止。”曾子闻之，瞿然曰：“呼！”曰：“华而睆，大夫之箦与！”曾子曰：“然，斯季孙之赐也，我未之能易也。元起易箦！”曾元曰：“夫子之病革（急）矣，不可以变。

幸而至于旦，请敬易之。”曾子曰：“尔之爱我也不如彼。君子之爱人也以德，细人之爱人也以姑息。吾何求哉！吾得正而毙焉，斯已矣。”举扶而易之，反席未安而没。

曾子疾病就是起，以下将当时的情景和童子说的话记下去就是承，曾子要易箦而曾元不肯，曾子又责问他一番问答，就是转，末尾一句，将故事结束，回顾到开头“曾子疾病”（疾病就是病得很重）四字，就是合。

但这不过举一以概其余，并不是说一切文章都有同样的轮廓。因为格局有奇有正，有明有暗，有放有收，有分有合，可以变化无穷。例如贾谊的《过秦论》上篇，虽然其中也有起承转合，但总起来看，好像长江大河，一气奔注，说了八九百字，只是为了末了一句：“仁义不施，而攻守之势异也。”可见任何一篇文章可以有自己的特殊格局。格局是文章完整的必具条件，不能散漫而无所归宿。

初学作文章的人，可能将起承转合看得太死，一定要把这四个字在未下笔之前预先安排好，那也会陷于平庸呆滞。好文章，往往是在无意之中或者不着痕迹之中，定出格局的。例如《史记·平准书》的结尾是卜式的一句话：“烹弘羊，天乃雨。”卜式痛恨当时的理财好手桑弘羊，认为他搜刮民财太过，把旱灾的原因也归在他身上，所以有这句话。《史记》好像并没有把话交代完，就煞住了。其实这倒是极其有力量的结束语，剩下来的话，读者自能体会，不需要再明说出来。

至于所谓“律”，实际差不多就是指语法。语法是根据习惯来的，已经被大家认可，违反了就使人感觉格格不入。不过除语法的规律以外，也要顾到修辞方面。古文家讲究“雅洁”两字，“雅”就是求合于经典及秦汉人以至唐宋古文家所常用的字面，不杂以诗歌、小说、佛经、公牍等等的字面，这种看法却未免太狭隘了。“洁”就是不说多余的话，不用多余的字。总之，就是要修饰得干净，这个原则是对的。

讲到神理气味，就几乎可以意会不可以言传了。作为一个欣赏古文的人，衡量某篇文章，要看它有没有精神，也就是要看它有没有生气。怎样能有生气呢？主要在于作者有一片真意贯注其中，如果是有真意的，说理就有说服力，叙事就能生动，抒情就能引起共鸣。文章总是活泼泼的，精神饱满、光彩照人的。

气味又在神理以外。有了神理，可以吸引人，还不一定能够使人感到舒适。总起来说，格律声色可以比方人的躯体和他的服装，没有就不成为人。但若单有这些而不能语言动作，就是一个木头木脑的人，恹恹无生气，正同文章没有神理一样。能语言动作了，还要看他是不是语言有理，动作适宜，使人接近起来，感觉这人是个神采奕奕、感情丰富的人物。这最后一点就相当于文章的气味了。

神理气味四个字也可以拆开来讲，不过这总是抽象的说法，所以不必分得太细。在读古文到了一定程度，自然心领神会。初学的时候不必专在这上面钻研。

通过以上的讨论，似乎已经很清楚，古文之所以不同于现代语言，只是用字和语句构造的习惯上有些差别。至于怎样才是好文章，并没有不同的衡量标准。某些基本要求是一致的。例如：有条理，有波澜，有情感，简洁，劲健，生动，多彩，都是应当具备的条件。

从反面来说，有几条简单的戒律，古文家曾经指出的，也仍然可资借鉴：

一忌平庸。首先不要剿袭别人已经说得很多很熟的话，尽管还是这些道理，总要通过自己的思考，用自己的语言说出来。韩愈强调说："惟陈言之务去。"他的文章连成语都不大肯用，这虽未免太狭隘，但这种精神是值得学习的。

二忌杂乱。不但文章的层次段落要清楚，一篇文章有一篇文章的格局，不能随意拼凑。就以用字造句而论，是文言就是文言，是语体就是语体。语体中偶然用文言的成语是可以的，却不能在一句之中一半采用文言文法，一半采用语体文法。古人的文章也有时犯着不调和的毛病，即使程度轻微，也很容易被读者觉察。层次的杂乱是不难纠正的，格局的杂乱必须仔细检点。

三忌废话。应该交代的话，要交代在适当地方；不必要的话，不要虚占篇幅。前面所举的例，有一段《檀弓》的文章，恰好是个生动的说明。这个故事是某天夜里在曾子的病榻前发生的。夜里是必须交代的，但它并不在开始一句点明，只在叙童子的时候带叙“执烛”两个字，不但没有虚占一点篇幅，同时还把当时的环境用形象化的手法刻画出来。从这里体会，是大有益处的。

四忌虚弱。简练是好的，但并不等于贫乏。宋祁修《新唐书》，标出“事增文省”四个字，古文家有专在这方面追求的。其实目的并不在乎省字，为了要写得有声有色，字数多些又何妨？比如《史记》的文章，要删去些字不是不可以，但删去之后，会不会变得干枯没有血肉？这就值得考虑了。大概好文章一定内容充实丰富，再加上渲染陪衬的技巧，就能像健康活泼的人，勃勃然有生气了。

最后，总起来说，我们今天学习古文的对象，应该比过去所谓古文家所定的范围宽些，从远古的一方面说，先秦的子书是重要的，特别是《庄子》《荀子》《韩非子》等书中的精粹部分。魏晋南北朝有些轻松秀雅的文章，如《世说新语》，如《水经注》等，也值得选读。由六朝到唐，有些骈文已经流传很广，如《古文观止》所选的骆宾王的《讨武曌檄》、王勃的《滕王阁序》，也不可轻视。过去像《古文辞类纂》《古文观止》都没有近代的文章在内，而近代的文章却正是与我们接近，容易吸收的，应该注重多读一些，这样就比较全面了。

各人的资质兴趣都不同，上述的各种文章，包括《古文辞类纂》及《古文观止》所已选的在内，尽可以按自己所爱好的挑选出来，精读多读，其余的只涉猎大概，也可以得到不小益处。

读古文所要注意的几点，第一是字句的用法。由于古文的用字和造句往往与现代的习惯有距离，必须随时体会古文的某个字在现代应该是什么字，现代的某个字，在古文应该作什么。古文的助字（即虚字），究竟含有什么样的语气，同样的助字在此处和彼处是否相同，如果不同应该怎样解说，能不能自己发见一条规律。这样就首先帮助培养了阅读古书的能力。第二，对于每篇文章，先看清它的大意，再分清它有几层意思，然后体会它是怎样由前面引到后面，又从后面回顾前面，怎样由这一层意思过渡到另一层意思，怎样铺张开来说，怎样勒紧起来说，怎样开门见山地说，怎样藏头露尾地说，怎样起头，怎样收束。最后就明白它的结构格局了。自己作起文章来，也就会运用这些技巧了。

今天学习文言文的目的，一是培养阅读古书的能力，二是养成语言精练、条理清楚的写作能力。只要找到正确的门径，是不难达到的。

四、学习文言的要点

（一）

初步学习文言，不要目标太高。最好先看比较近代的作品。清代离我们比较近，所以清代的文章风格、词语习惯不少是今天还通行而且适用的。明代的文章就有些不很平正的，宋代的文章又嫌太古了些。至于唐以前的文章，实用的价值更少，初学的人在这上面费功夫，是不需要的。但若对近代文言作品能够了解而不感困难，那时再推广到比较时代远一些的文章，丰富自己的知识，扩充自己的眼界，那是有益的。

一般的文章选本总是先古代而后近代。当然古代的文章传诵得多，而近代的文章，往往不被人重视。不过从学习的角度说来，开始时最好多注意时代较近的。

（二）

学习文言，应当注意的事大约有三项：一是虚字的使用，二是整篇的结构，三是字眼、辞藻、典故等等。三项之中，最基本的还是虚字的使用，那就是怎样从语气表达曲折的意思。

我们用到文言的时候，无非是心中有一番要说的话，既不能三言两语说清楚，也不宜于过分直率简单，而必须有放有收，有反有正，恰如分寸，婉转动人。这就完全靠虚字的使用恰当得神了。所谓虚字，包括以下几种：一是词与词之间的联系，没有这个就不能成句。二是句与句之间的联系，没有这个就表达不出完整的意思。三是一层一层反复阐明的联系，没有这个就不能将话说得尽情尽理，动人之听。

每一种虚字，在实际运用的时候，相互配合起来，就能传出不同的神情，神情生动，就达到了作文章的目的。

因此，虚字的使用虽然有语法的规律管束着，但并不能全靠死的语法规律来掌握、学习文言的，应当从整段整篇来体会，看看所表达的神情是如何，是激烈的还是和缓的，是严肃的还是轻松的，是愉快的还是悲伤的，等等。

实际上，如果能体会到这些，不觉得有什么隔阂，那就说明进一步的学习没有困难了。

（三）

关于文章的结构，虽然过去一般讲古文的人十分注重，其实这倒是比较不难明白的事。所谓结构，也就是说，怎样提出一个中心，怎样推论，怎样结束。然而决不能说每篇文章开头一定要有个帽子，然后一步步推论下去，最后要回顾前面作一总结。这种公式化的概念，不但无益于学习，而且阻滞了灵机，浪费了光阴，大大降低学习的效果。

如果从形式上来谈结构，好文章总是变化无穷，不为形式所拘束的。如果从意味上来谈结构，那么，只要懂得上面所说的虚字的使用，就已经明了文章的转折层次。文章有转折有层次，不就是它的结构吗？

附带说一句，过去评点文章的人总是用朱笔将该分段落的地方作一小画，表示以上是一段，以下另换一意，名为“勾股”。这是读文章时值得采取的方法，注意一篇文章的转折点，也就等于学习了它的结构。

（四）

字眼、辞藻、典故等等本来是次要的事项，但在今天说来，学习文言的人在这方面往往感觉不熟习，也不得不多加注意。

首先，既是文言，一般口头的语词是不能用的。而且，文言与口语的语法两样，所以也不得不用文言中习用的语词来配合。试设一例。比如说：我是他的表兄弟。文言不能生硬地改成：吾为彼之表兄弟。必须就上下文的关系而改作：吾与彼为中表，或：吾于彼，中表也。这些词语用得合式不合式，往往是初学的人所遇到的一个难题。解决这个难题，只能倚靠多多接触文言，慢慢养成习惯，恐怕没有简捷的方法。

这里所提到的辞藻、典故，并不一定是说像骈文那样丰富华靡的辞藻、典故。但在实用的文言中毕竟有些不可或少的要求。比如同样的字不宜一用再用，必须变换一些。举个浅近的例子。比如写信的套语：欣悉尊体绥和，曷胜欣慰。重用一个“欣”字，不独辞藻太贫乏，语法也有不妥。那欣慰改成快慰、忭慰，就好多了。辞藻的变换也不能全靠同义语。凡意义相近的词语，细辨起来，仍有轻重缓急的差别，使用得分寸恰合也是有必要的。至于常用的典故，用得适当，可省去许多周折，又可以增加文章的活泼，也是文言中显著的特色。这些都有必要自己留心学习。

（五）

任何学问智识不能离开读书。读书若没有适当的方法，也必至劳而少功。

古人对读书方法有不少有用的启示，但在今天说来，却不一定都是适用的。因为我们今天的要求与古人不同。在各种不同的情况下，不能执一不变。比如古人往往强调精读、熟读，其实精读、熟读是为已经有相当基础的人说的，并不一定是入门的好方法。

作为一个初学的人，最好是训练自己快读的能力。不拘什么书，尽量用高速度阅读，在短期间内发现其中最感兴趣的部分，抓住了这一部分，这就为我所用了。那不感兴趣的部分，听其滑过，是不妨的。凡是古书都不会绝无字句上的困难，初学的人更不用说了。假如每逢不懂的地方都要寻根究底，非解决不放过，那就一辈子没有几部书好读了。其实只要懂那可懂的，不懂的暂不理会，收获就已经不少，读书的作用也不过如此。用这样的方法去读书，才可以提高效率，扩大成果，书为我用而不至我为书用。

一部书经过快读以后，即使吸收其中一部分——当然印象不会很深，不能巩固——，这也是不足虑的。读到其他的书，又遇到同类的部分，自然会加一层巩固。经过相当时间，也许再重读那第一部书，那就更加一层巩固了。所谓精读熟读，就是这样积累而成的。若误认抱一部书死读才是精读，那未免过于呆滞了。

至于作为一个专门学者，那么，他是不能求速的，有些书不仅要精熟而且要钻研深透。这又当别论。但是作为一个专门学者，他也仍要广泛阅览，仍要从自己的兴趣发展。如果首先不能发现自己的兴趣，任何事都不会成功。

（六）

这里可以介绍一个练习文言的方法，就是写日记。

过去学作文总是学作论说，这是不合实际的。论说非有学问见解不能作，当然不是初学的人所具备的条件。何况这是在旧时代里考场用得着的，今天又有什么用处呢？在实践的生活中哪有用论说文的机会？光阴耗在这上面，是不值得的。

在今天的条件下，莫妙于借写日记作练习，因为日记可多写可少写，可专写一事，也可连写若干事，可合也可分，可记事也可发抒感想和议论。丝毫没有拘束，也不至艰于下笔。吸收了什么新的东西，就可以随时使用出来，日积月累，自然用之不竭了。

开始练习日记时不妨自己以意为之，及至下笔能够不感困难，即是兴趣提高的时候，这时可以看看前人的日记，作为借镜。最好的日记范例是陆游的《入蜀记》，他每日所记的事丰富而有条理，文字兼有畅达、生动、美妙之长，语法习惯代表近代的一般文言，而又饶有典雅气息，这些都正是我们所需要学习的。至于近百年来的名人日记，出现得不少了，由于他们的环境身份，各有不同的意图，虽然都可以扩充智识，却不适合初学的人阅读之用。

五、文言应用范例

语体文言对照的范例

初学的人，阅读文言或者不太困难，而写作文言的能力是必须因势利导、逐步养成的。怎样帮助养成这种能力，虽然没有一定方法，但若先从一般语体变成文言入手，不失为一种简便适用的练习。

为了同时照顾实用起见，这里采取书信的方式，作了十篇对照的范例，内容都是有关日常社会生活的。先用语体写出，然后变成通用的文言形式，但并不是呆板的翻译。因为所注重的只是将同样的意思用适当的文言形式表达出来，而不在于逐字逐句地对比。

读者可以通过这些范例看看文言怎样变直率为委婉，变干枯为漂亮。如果触类旁通起来，自由运用文言的能力是不难养成的。

这一部分也可以看作为本书的附录，聊备一格。

（一）约朋友旅行游览的信

某某兄：记得兄曾向我提议到某地去作一次短期旅行，当时我因事分不开身，而且气候条件也不理想，所以没有能实行，未免扫了你的兴。这件事我是经常放在心里的。昨天有某某兄来向我说起，目前有某旅行服务社正在组织到那边去的旅行团体，还有很多空额，费用不算太贵，据说是每人△△元，△天可以来回。路程的安排可以包括附近所有的名胜区，特别是那有历史价值的△寺院，不独风景之优美在这一地区中可称首屈一指，尤其以留客住宿处之雅洁著名，至于饮食之别有风味，更不在话下。这些事也许你是不在乎的。但既是为了休养而游览，首先需要舒适安静，方才不负此一行。我想你也很厌烦这城市生活了。即使短短几天换一环境也是不为无益的。不过必须从速决定，迟了就赶不及，我已经代你付了报名费。好在为数不多，不必挂齿。万一你因事不能参加，只请速来一信，仍可收回部分，没有什么损失。若是同意，就连回信也不必，请在某日以前到我家同去就是。别的不再多谈了。

【文言】

某某吾兄左右：前者， 兄曾言及有意相约同赴某地小游，彼时弟因琐事羁身，未能应召，亦以其时气候于出游非宜也。有拂 雅意，至今耿耿[①]。昨有某君来访，得悉某旅行服务社日内正有集体前往游览之举，余额尚多，费亦不昂。人[②]约△元左右，△日可归。据所定路程，附近各名胜区均包括在内。就中尤以有历史价值之△寺院为引人入胜，非独景物之幽奇足以游目骋怀也，即以食宿二者而论，寓处既洁无纤尘，烹饪亦别有风味，老饕[③]闻之，最觉忍俊不禁[④]。固知 兄之所好不系乎此，然既为休养计，亦不可不力求安便适体，方不负此行。意者， 兄久厌尘嚣，即数日清闲，亦不为无裨[⑤]，敢以奉商。但为期甚迫，迟恐为人先登，已代将报名费付讫，戋戋[⑥]之数，不劳挂齿[⑦]也。万一 兄为事阻，即请 迅赐一示，已付之费仍可收回若干，不致全付东流[⑧]。否则不必复函，迳请 台驾于某日某时莅舍，携手同行[⑨]可也。余不一一，敬候 即祉[⑩]！

弟某某启

注释：① 耿耿是心里经常记挂不安的意思。 ② 每人可简称为人。 ③ 贪馋好吃的人。 ④ 忍俊不禁是自己控制不住的意思。 ⑤ 裨益二字可以通用，无裨也可以改作无补。⑥ 戋戋形容不多。 ⑦ 不劳挂齿就是不值一提。 ⑧ 付东流就是损失不能收回。 ⑨ 携手同行是《诗经》的成语。⑩ 这信当然是在本地发的，所以用即祉作问候语，即就是即刻的意思。

这封信的内容，主要是将自己所准备的计划告诉对方，让对方有所选择决定。因此，要说得简明而周密，同时也要委婉动人，使对方有亲切之感。这里所假定的双方关系是平等而比较熟识的，所以也不用过分客气。

文言书信，凡涉及对方的字句，应提行或空格写，若涉及对方的尊亲更应抬高一字。涉及本身的称呼，则应稍偏写。

（二）报告旅行见闻的信

某某兄惠鉴：埠头话别，彼此都有依依之感。回想几年以来，大家相处得这样熟了，一旦分离，虽说人生聚散无常，在今天的世界中，距离缩短了，见面并不难，无奈知己不能早晚同在一处，总是一件恨事。

我现在略略将行程经历报告你听。这一路的海上生活和风景是你所熟知的。没有什么特别。只在经过某埠时，有一段奇遇，不可不让你知道。这天船到某埠，约有半日停泊，我为了寻点消遣，也跟着大伙上岸，他们看朋友的看朋友，买东西的买东西，只我举目无亲，方言不懂，无非在街上闲游而已。不料耳边忽听有人叫我的名字，正在诧异，茫然四顾，那人走到跟前，仔细一看，原来就是我们的老同学某君。已经多年不通消息了，他还有点认识我，正在将信将疑，姑且叫我一声试试，彼此认了出来，都觉异常高兴。当时就承他引导我游览公园，并且喝了一次茶，本地风光，颇又使人留恋，可惜船要开了，不能耽搁。他细细问了你的近况，再三嘱我向你致候。至于他的情况，一言难尽。总之，由于他的毅力和天才，居然历尽艰难而获得成功了，可喜可佩。以后再向你细谈吧！

【文言】

某某兄惠鉴：邮亭折柳[①]，不尽依依，彼此想同之也。回思数载以来，朝夕过从[②]，忽焉暂别。萍踪[③]聚散，固属人生之常，居今之世，更无异有缩地[④]之术，重亲　言笑，亦非难事，然知己不能得同在一方，多获切磋[5]之益，终不无遗憾耳。旅程所经，皆　兄旧游之地，无俟缕述。惟舟泊某埠，有一奇遇，不可不为　兄告。是日以解维[6]有待，姑[7]随众登岸一游，弟举目无亲，又不谙方言，踯躅[8]街头，正无聊赖，突有呼贱名者，声达耳中，默自骇怪，不知从何而来，茫然四顾之间，其人已趋而前，细辨之，乃吾辈旧同学某君。别有年矣，犹依稀相识，彼因亦未敢遽信为吾也。握手话旧，无任欢然，承其引导游园，瀹茗[9]促膝，旷观景物，致足移情。惜晷[10]短不能久留，草草又成劳燕[11]。渠细询吾　兄近状，郑重属为道候。至渠之经历，一时非楮[12]墨所能详，总之，其天才与毅力足以使之排艰阻而履亨途[13]，殊堪佩慰，容他日为　兄罄之。得暇望以数行示我，俾释远念。诸惟　珍重不一。

弟某某手上

注释：① 邮亭即亭驿，是送别的地方，折柳赠行是古代的习惯。 ② 过从、往还，都是相互访晤的意思。 ③ 萍踪比喻人生离合像浮萍在水面一样，东漂西荡。 ④ 缩地是传说中神仙的法术。 ⑤ 切磋出《诗经》："如切如磋，如琢如磨。"

是相互提高品质和学问的意思。⑥解维、解缆、启碇，都是启航的意思。⑦姑，是说无可奈何，只可这样。⑧踯躅是行路迟缓和没有明确目标的意思。⑨瀹茗就是泡茶。⑩晷是时光的意思。⑪古诗有“东飞伯劳西飞燕”之句，伯劳是一种鸟名。这句话含有彼此分手的意思。⑫楮是一种树名，皮可造纸，所以可作纸的代称。⑬亨途就是顺境。

（三）劝诫朋友的信

某某吾弟：又有多时不通信了。这应该怪我太懒，我必须先向你道歉。但是我对你的动态是时刻关心的。每逢故乡人来了，只要和你有点认识的，总要问问你的近况。第一使我放心的是府上令尊令堂以下都健康良好，你本身也一切如常。在远处的人听到这些话，已经好像重回故地，与旧日知交相见谈心了。

但是人的希望是得寸进尺的，我不止希望你一切如常而已，还愿意知道你是怎样突飞猛进，日新月异，无论在事业上，在学识上都表现长足的进步，那就高兴的不止我一人了。因为我和你交情不比寻常，期待你的心思，比期待我自己还要超过一些。希望你培养起雄心大志来，不要把光阴虚度了。

我在这里也只是勉力支持，环境实在不如人意。因此抱定洁身自好的宗旨，别人倒也不嫌我孤冷。有人说起你近来有以赌博消遣的习惯，不知确否。或者你是为了应酬而不得不随俗吧！但是只怕日久被这种不良习惯缠住，就不能脱身了。我所见到的这类事太多，望你特别注意，至盼至盼。

【文言】

某某吾弟如晤：不通笺讯[1]，又已逾时，疏慵[2]之咎，何容自恕！惟是　动定一切，无时不在念中，每遇故里人来，但令与吾　弟略有渊源，不佞[3]必详加探问，冀能藉悉　佳况。闻其述及　尊府自　令尊　令堂以次皆康强逢吉，吾　弟亦一是如恒，羁旅[4]之人，斯言入耳，即不啻重回桑梓[5]，与旧日知好把臂论心，快何如之！虽然，人固不甘于故步自封者，以吾　弟之才，又岂仅以守成为可喜哉？吾尤望其发扬蹈厉，日起有功，以之治事则愈宏，以之治学则愈富，则为之欢欣鼓舞者，且不独不佞一人矣。忝在素交，所以期诸吾　弟者，不觉其殷切之甚，所望珍惜有用之光阴，勿自暴弃也。鄙人在此，勉力因应而已，颇有不如人意者。

故决意抱定洁身自好之旨，人亦渐知其素尚[6]而不以冷僻相讥。微闻有人议及吾 弟近染摴蒱[7]之好，未敢遽以为信。如其有之，殆亦牵于世俗酬应不能立异耶！所虑一沾痼习[8]，即难摆脱，平生所见陷溺于此者甚众，故不惮肆言之。谅贤者不以为忤耳。别久思深，涉笔缕[9]，诸惟 珍重！

某某启

注释：① 笺讯即通信之意。 ② 慵，懒。 ③ 对人称弟，若自称兄，未免太不客气，“不佞”二字则对长辈、平辈、晚辈都适用。 ④ 羁旅就是作客。 ⑤ 桑梓就是故乡。 ⑥ 素尚是平生志趣。 ⑦ 摴蒱就是赌博。 ⑧ 痼习是说成了嗜好。 ⑨ 缕是琐碎的意思。

这是假定一个年轻朋友染上赌博恶习，加以劝诫。逆耳之言，不易为人接受，可能因此损坏友谊，所以首先表示自己深深关切，继而表示对于对方的期望，又继而表示自己的洁身自好，暗暗讽示。末了作为传闻之言，替他开脱几句，才点明赌博之害。这样在正文上轻描淡写，而旁敲侧击，更加显明，也不至于使对方感觉难堪了。

（四）答复劝诫的信

某某先生：正在想问候你，你给我的信倒先来了。一方面使我惭愧，另一方面也很欢喜，因为知道你一切都好，这是最使人欣慰的。

来信情深意厚，不同寻常，再三捧读，真使我感激涕零，无言可喻。人生在世，得一个知己已不容易，得一个良师益友也很难，两者兼得就更难了。你一方面勉励我，这说明你是不鄙弃我的，认为我还是可以造就的。凭这一点，我就应当加倍努力，以求不负知己。至于那纠正我的错误的话，不问别人所传的是否正确，总之，你肯对我直言告诫，就对我有莫大之益，使我随时提高警惕，有则改之，无则加勉，岂不是成全我得更大吗？所以需要良师益友就是为此。

我在这里郑重向你道谢了，以后仍望不断赐教，感激不尽。

你在异地远游，总以保重身体为要。其他都不必介意。蛟龙得云雨是要遭遇时机的，一定可以盼望到这一天。下次得便，想托人带一点故乡土物，借以表相念之意。不尽之意再谈吧！

【文言】

某某先生左右：正拟奉候，乃荷　先施[①]，愧悚[②]之余，得谂[③]　台躬[④]康胜，兼用为慰[⑤]。来示情意深厚，逾越寻常，雒诵[⑥]再三，感激之私，无言可喻。尝谓人生得一知己固难，得一良师益友尤不易，若二者兼而有之，岂非难之中又有难焉乎？公之谆谆[⑦]戒勉，足以知　公之不相鄙弃，谓可造就。即此一端，不佞自当益自策励以期无负知己。至于责我云云，姑无论人言果确与否，要之，得公直谅[⑧]相待，即为益莫大焉。使不佞[⑨]随时自警，有则改之，无则加勉，所以玉成[⑩]我者至矣。人之所以相需于良师益友者，正为此耳。敢不拜　嘉[⑪]！继此以往，仍祈　源源赐教，无任企盼。客游之中，倍宜珍摄，其他无足介意，蛟龙云雨，腾达可期，尚望静以俟之。稍缓拟托人略致故乡所产，藉表微忱[⑫]。临笺[⑬]不尽凄凄[⑭]。敬颂　旅祉[⑮]！

某某敬启

注释：① 先施是我还没有去信，你倒先来信了。② 悚是恐惧的意思，愧悚往往连成一词。③ 谂（审）是知悉的意思。④ 台躬即尊体。⑤ 兼用为慰即并以为慰。⑥ 雒诵语出

《庄子》，即诵读之意。⑦谆谆形容再三叮嘱。⑧直、谅、多闻是孔子所说三种益友。⑨不佞是谦称不才、不肖的意思，无论对长辈、平辈、晚辈，客气点都可以此自称。⑩玉成就是成全的意思。⑪拜嘉是拜谢你的好意。⑫微忱即微意。⑬临笺即预备写信的意思。⑭凄凄形容恭敬而诚恳。⑮旅祉，祝人在旅居中的幸福，对方在外地即可用此作敬语。

这封信是假定接受劝诫的。先承认劝诫是出于善意，表示感谢。这是对待批评的正当态度。至于所指责的那一点，也只轻轻带过，不加辩护，更显得磊落大方。最后针对来信，也说几句酬应的话，就照应周到了。

（五）向人求贷的信

某某先生：现在有件小事，想请求你帮帮忙。可是很不好意思开口，没有法子，经过反复考虑，只有你是把我们当自己人的，不向你说，又向谁去说呢？事情是这样。我们家里去年为了急需，曾经将先世所藏的一件△△△画押给某君，得以渡过一时难关。本来，再过一个时期，我们可以凑齐一笔钱，了此债务。其实对方也并没有催我们。不过听说他要有远行，我们深恐错过时机，即使到期备价赎还，万一彼此情况发生变化，就不好办了。为了爽爽快快一了百了，不如早点赎回的好。好在当初说过是可以随时赎回的，字据上载明，不能发生异议，而且某君倒也不是怀有恶意的。我们并非以不肖待人，所怕的是人事变迁不能预料。你一向关怀我们，你看这意思对吗？现在所苦的是目下还差一部分不能应手，事情又是不宜于耽误的，可否请你暂挪△△元帮我们把这件事办妥？只要再迟二三个月，某处的一笔款项收到，即可奉还。如蒙慨允，应办手续，请你指示，无不遵办。

【文言】

某某先生惠鉴：兹有奉商者，夙承 关爱，情谊之殷，有同骨肉。舍间各事亦无不在洞鉴之中。客岁因应付急需，曾将先世所藏△△△画向某君押借一款，得济燃眉[①]。其实稍迟时日，不难备价赎回，仍是楚弓楚得[②]，且前途亦并无催索之意。惟以传闻某君不日将有远行，所虑日后两地悬隔，难保情事变迁，致难措手。为一了百了计，不如提前偿清此债，收回原件，以防意外之葛藤[③]。所幸当时原约固可随时赎回，料不致别有异议。弟等对于某君并非敢以小人之心度君子之腹[④]，只以人事固有难于预测者，不得不审慎出之，谅 执事知我素深，或不以为谬也。惟目前百计张罗，尚有功亏一篑[5]之虞，时机紧迫，可否俯赐 鉴谅，暂挪△△元玉成[6]此举。两三月后，敝处略有所入，即当归赵[7]无误。倘蒙 惠允，一切自当照例办理，谨候 指示，无不遵 命。敬希照察。顺颂 时祉[8]。

某某敬启

注释：① 燃眉，火烧眉毛，是十分紧急之意。 ② 楚弓楚得是古代成语，借作仍归自己所有之意。 ③ 葛藤比喻事情纠缠不清。 ④ 以小人之心度君子之腹，语出《左传》，意思是以不肖之心待人。 ⑤ 功亏一篑，语出《论语》，比喻还差一点不能成功。 ⑥ 玉成，帮助成功。 ⑦ 归赵，借用蔺相如完璧归赵的故事，指偿还不欠。 ⑧ 顺颂时祉是对平辈、晚辈，或不甚尊敬的长辈都可以用的结尾敬语。不论一年的春夏秋冬或一日的早晚都可适用。

向人求援助的信，最要紧是说出切实的办法，让对方根据所提办法，加以考虑。首先，当然也要动之以情，使他难于推却，再加上所说的都是事实，就能加强信的效力了。因为这不同于应酬信，所以不必用虚文套语，但口气总要十分和婉。

（六）辞谢代人经手事件的信

某某先生：承你委托将△△代觅受主。曾经向几处熟人都询问过，昨天有某君来看了货，据他说：这件东西有一两处缺点，未免减色可惜。但即使没有这点缺陷，也不能估到那样的高价。我对于这事不甚内行，此人所说，是否有几分可靠，我不敢赞一词。只因为日已久，问津的人不多，也总没有肯给价的，我想不如仍请收回，另请可靠的人参论一下，再决定办法。我并不是推卸责任，正是因为承你不弃，郑重托我，恐怕耽误了事，有负委任，所以率直向你建议，希望你能谅解。

贱体近来颇呈衰弱之象，经常失眠，以至精神倦怠，记忆减退，医师力劝休养。我因为许多事还摆不开，一时谈不到完全静养。但如果长此不愈，恐怕也只好考虑迁地疗养的问题了。承你关切，顺便奉告。

【文言】

某某先生左右：敬启者，承 属将△△代觅售主，遵即多方询问，冀有以报 雅命。昨有某君前来，详加察视。据云此物惜有一二微瑕[①]，未免减色。然即使无此缺陷，距所开之价仍属过远。弟于此道本非当行，此君所言究有几分可信与否，未敢赞一词[2]。惟以为日已久，而问津[3]者又复寥寥，偶有过而问者，告以标价，辄掉头而去。鄙意不若仍请收回，另邀笃实之行家参论定夺。弟决非推诿，正因 执事殷殷付托，诚恐迁延[4]误事，致负 委托，故敢据实奉陈，想不以为谬也。再贱躯近日益形衰弱，夜寐不宁，精神日短，医者皆谓积劳所致，力主休养。因经手各事丛脞[5]待理，难于摆脱，谢绝一切，势未可行。但若长此无起色，则恐亦不得不思迁地以资静摄耳。夙承 关注，附以奉 闻。敬颂 大安，诸祈 亮察。

某某敬启

注释：① 瑕，疵病。 ② 未敢赞一词是不敢表示可否的意思。 ③ 问津是《论语》中的一个典故，借用为探问价值之意。 ④ 迁延，耽搁。 ⑤ 丛脞，忙碌。

凡是拒绝对方委托的信，很难措辞。一方面要推卸干净，不宜拖泥带水，一方面又要婉转不得罪人。这封信的对方不是十分有交情的，在礼貌上应当特别客气，但措辞不妨稍为直率些，方能将事情说清楚，而且在情理上既然不能代人办到，还是请他另外设法，免得误事，也是很正当的道理。

又：在这种情况之下，可以不讲虚文，直接提出所要说的话，用敬启者开头也就够了。

（七）答复求荐事的信

某某先生：接到来信，知道你近来的情况，深在念中。急谋工作，当然是最要紧的，凡属好友，都义不容辞，应当尽力留意。即使你不吩咐，我们也决不能漠不关心。不过来信说要我写信给某君介绍，这一层不能不稍费踌躇。为什么呢？首先，我和他本来交情不深，近年因为各走一条道路，接触的机会更少，突然为了推荐你而和他通信，未免叫他觉得离奇。其次，听说近年他的左右有一班人包围了他，帮口很紧，轻易不让外人打进去。如果冒昧从事，不成倒也罢了，即使成功，事情也不好办。为你打算，也恐怕不是一策。

据我想，以你的大才，前途不可限量，一时的挫折，算不得什么。很可能就有机遇在目前，用不着求人，人就会求你的。不过既然承你委托，我当然应该尽量效劳，纵然不发生效果，想你知道了上面所说的这些情况，也必不会怪我不尽力的。倘然遇着可以向某君进言的机会，我自当注意进行。

【文言】

某某先生惠鉴：接奉 来示，备悉 清况[①]，深在念中。此时自须急谋高就，凡属友好，自应尽力留意，纵无 雅命，亦无漠视[②]之理。惟 尊意欲弟致书某君推毂一节，颇费踌躇。一则以彼此交情本只泛常，近者南辕北辙，更疏接触，贸贸通函，未免突兀。二则微闻[③]其左右朋比胶固，伐异党同[④]，外人殊难插足，不独言之无效也，即使允为位置，将来掣肘之患必多。为 执事借箸[⑤]筹之，亦非计之得者也。鄙意 桀桀[⑥]大才，无久赋闲居[⑦]之理，暂屈 骥足[⑧]，何庸介怀？仆料遇合即在眼前，匪我求童蒙，童蒙将求我[⑨]矣。但既承 委属，自当惟力是视[⑩]。即使谋之不臧[⑪]，谅 公了然于上述种种，亦必不见责。拟俟有可向某君进言之机会，姑一试之。专复布臆[⑫]，藉颂[⑬] 大安，诸祈 鉴察！

弟某某启

注释：① 清况，指对方不甚得意的景况。 ② 漠视，不关心。

③ 微闻，好像听说。 ④ 朋比胶固，打成一片；伐异党同，排斥外人。 ⑤ 借箸，用《汉书·张良传》的故事，指代人打算。 ⑥ 槃槃形容才力优越。 ⑦ 赋闲居指失业，借用《文选》潘岳作《闲居赋》的故事。 ⑧ 骥足比喻人的大好前途。 ⑨ 匪我求童蒙，童蒙将求我，语出《易经》，意思是我不必求人，人会求我。 ⑩ 惟力是视是《左传》的成语，尽力办到的意思。 ⑪ 谋之不臧是《诗经》的成语，办得不好的意思。 ⑫ 布臆是敞开说话的意思。 ⑬ 藉颂大安，是在述说一件事之后顺便问候的意思。

这种求人荐事的信，很难答复。因为对方在困难中，不能生硬地拒绝其请求，但事实上又办不到，则必须先表示一番关切，然后婉转说明不能照办的原因。最后仍说几句普通的安慰话，对方明知是敷衍，当然也不会再来纠缠的。

（八）祝寿的信

某某先生左右：下月某日，是你的老太爷老太太七旬双寿。料想府上定有一番热烈的庆贺，亲族知交都必同声称祝，而两位老人也必怀着愉快的心情接受大家的敬意。

在今天看来，七十岁是不算老的，以后每十年祝一次寿的日子还多着呢！像两位老人这样身体康健，儿孙绕膝，家门鼎盛，欣欣向荣，已经是世上不容易获得的全福了。特别是先生能够仰体老人的心意，不仅使他们得到物质上的幸福，还能看到下辈都以品德和学业取得隆隆直上的声誉。这才是最能得到父母欢心的事，也是别人所最羡慕的。

在府上这样的盛况中，平常祝贺的礼物都微渺得不足道了。而且我现在的一片祝贺热忱也不是任何物质可以表示的。加以道远，寄递不便。至于诗文联语，我的才学浅陋，又不敢献丑。因此，我想不如免去俗套，还是直率地用书信以代面祝吧！料想不会怪我短礼的。谨此再向堂上二位老人致敬致祝，并向阖府道贺！

【文言】

某某先生台鉴：来月某日，恭逢　老伯暨伯母七旬双寿，遥想亲宾满堂，杯觞竞举，　二老顾而乐之，必有非常盛况。当今之世，七十亦不过大年之初桄[①]，继此以往，日升月恒[②]，何有限量？如　二老之康强逢吉[③]，庆祉骈臻[④]，固已为人世稀有之全福。加以　公等善于养志[⑤]，不徒以世俗之荣华寿其亲，尤能使其亲见庭阶兰玉[⑥]，蜚声腾实[⑦]以博其怡悦，此则弥可企羡者也。然则寻常致祝之仪物，既相形而不足道，区区之忱亦非循例之举所能宣罄，又况远道赍[8]寄维艰，以下走之谫陋[9]不文，更不敢操觚率尔[10]，以贻不诚之诮[11]。思之再三，不如蠲[12]去浮泛，径以短笺表我微意，简略之愆[13]，当蒙　鉴谅耳。谨此驰叩　侍祺[14]，顺贺　潭庆[15]！

某某谨启

注释：① 初桄譬如梯子之第一级。 ② 出自《诗经》，“如月之恒，如日之升”，是多福多寿的祝语。 ③ 身其康强，子孙其逢吉，语出《书经》。 ④ 骈臻是一齐来到的意思。 ⑤ 养志是说能得父母的欢心。 ⑥ 兰玉是芝兰玉树的省略，比喻佳子弟。 ⑦ 蜚英声，腾茂实，语出韩愈文。 ⑧ 赍，即送。 ⑨ 谫陋，即浅陋。 ⑩ 操觚率尔语出《文选》，是随便下笔的意思。 ⑪ 诮，讥诮。 ⑫ 蠲，免去。 ⑬ 愆，罪。 ⑭ 侍祺是祝人在父母膝下的敬语。 ⑮ 潭是形容第宅的深广，一般称人的全家为阖潭，潭庆即全家喜庆的意思。

祝贺对方父母的寿辰，本来是一种社交仪节，但亦以删除俗套，表示诚意为好。当然，辞令要华美热闹些，不可杂有不吉利的字眼。

（九）谢为父母祝寿的信

某某先生赐鉴：前月家父母七十生日，本是不敢惊动诸位的。承你老先生来信，赐以祝词，还要十分客气，使我万分不安。你这番盛意太好了。不是知道我家情况而且相待如此之厚，不能这样恳切，这岂是物质的礼物所能比呢？不是比任何珍贵的物品更有价值吗？不过你对于我们夸奖太过，这虽是你老先生见爱，无奈区区断不敢当。只可随时随事勉励自己努力向上，敦品励学，虽不能显亲扬名，也总要不辱没家声，免得辜负了你老先生的期望。

我已经把你的来信读给家父母听了，他们都深深感谢你这番亲切的盛意，并且吩咐我郑重给你道谢，还交代我：以后要时常向你叨教，以求增长学识。但不知道像我这样愚鲁的资质是不是可以教导。

再者，你年长于我们，是我们一向尊敬的，以后请不要过分谦虚，使我们更加不安，希望不要见外才好。

【文言】

某某先生赐鉴：敬启者，前月　家父母七十生辰，恪遵训谕，不敢烦渎 诸长者。乃蒙 朵云下贲[①]，吉语联翩，称谓之间，过于谦抑[②]，尤非所克当。循诵再三，愈觉词意恳切，不似泛常，非于寒家相知有素，而又相待至厚者，焉能及此？百朋之锡[③]，何以加兹？又岂物质之珍所可同日而语耶？惟是 台示于不肖等奖饰过情[④]，虽云我 公见爱，其奈无盐陋质[⑤]，不堪被以锦绮何！抚躬循省，惟有勤勤自勉，敦品励学，夙夜不解，纵不能显亲扬名，亦庶几无坠家声，免为 长者羞耳。 赐函谨已呈诸堂上，双亲均深感厚意，命不肖郑重致谢，并谆谕不肖以后必应随时求赐训诲，以期增长学识。特不识愚鲁无能如不肖者尚堪策驽马十驾[⑥]之功否耳。专此布臆[⑦]，并申谢悃[⑧]，敬颂 起居，诸惟 垂察。

某某谨启

再：我 公年长，夙所尊事，此后祈勿再过自㧑谦[⑨]，增我惶愧，务乞勿见外为祷。

注释：①朵云形容华美的文字书信，下贲是下降的意思。②谦抑是客气的意思。③百朋之锡是十分隆重的礼物赏赐。

④ 奖饰过情是说过分夸奖。 ⑤ 无盐是传说中最丑陋的女性，比喻自己姿质的钝拙。 ⑥ 驽马十驾是说虽是驽马，只要勉力前进，也可以赶上骏马。 ⑦ 布臆是竭诚陈说的意思。⑧ 在写谢函的时候，总要带上敬鸣谢悃、谨布谢忱这类话头。⑨ 㧑谦也是谦抑的意思。这是说对方来信的称呼太客气。这封信的语气是将对方作为尊长看待的，但也不是真正的尊长。如果真是尊长，应该将先生改为仁丈，我公改为吾丈。如果与上辈有交情，则仁丈还不够，应改为老伯。

这是应酬文字的一个范例。对方为自己的父母祝寿，理应回信致谢。本来可以用空泛的套语，但为了表示尊敬诚恳的意思，仅说对方的情意怎样隆重，还是不够，再表示一下希望随时指教，分量就重得多了。

（十）吊慰遭父母丧的信

某某兄：许久没有通信，正在想念。昨天忽在报纸上看到伯母大人辞世的哀耗，不胜惊讶。他老人家一向身体康健，我们正以兄等能在膝下承欢为可欣羡，不知这次是几时欠安，因何竟致不起。兄孝思最深，遭此大故，定然哀痛倍常。但是人生寿数是有一定的，他老人家享年也不小了，又眼见家业兴隆，丁口旺盛，人生的福分再没有比这更美满的了。含笑归天，可以毫无遗憾。兄还有重要责任在身，许多公私待理的事，要以双肩来担荷，切不可过分伤痛，以致反而使老人在天之灵不安。是我所恳切希望的。路途遥远，非但不能亲自前来拜奠，即使一点微不足道的敬意也无法寄上，区区之心，只有请你原谅了。

【文言】

某某兄礼次[①]：久疏笺问[②]，正切驰思。昨于报端骇悉　伯母仙游，不胜悲悼。伏念　慈躬夙称强健，弟等正以　贤昆季[③]承欢膝下爱日方长，深为欣羡，不审此次何因遘[④]变。我　兄孝思纯笃，丁[⑤]此大故[⑥]，摧痛[⑦]可知。惟寿之修短[⑧]固难逆料，　伯母春秋[⑨]已高，目睹门庭集庆，椒衍瓜绵[⑩]，人生福分如此，亦可谓遗憾毫无者矣。况我　兄承家事重，百端待理，切勿哀毁[⑪]逾节，转使　在天之灵或有不安，是为至要。川途间阻，非特未能躬亲献奠，即戋戋束帛[⑫]之敬亦无从寄奉，耿耿此衷，惟祈　鉴谅。专此布唁，即承孝履[⑬]。

弟某某顿首

注释：① 对居父母丧的人不能称阁下、左右、台鉴等等，以称礼次为妥，即丧次之意。若是新丧不久，则用苫次。非父母之丧，则都不能用，但用一“鉴”字较妥。 ② 笺问即书信之意。 ③ 昆季即兄弟之意，略带敬称。 ④ 遘，遭遇。⑤ 丁，当。 ⑥ 大故，指父母之丧。 ⑦ 摧痛，摧伤悲痛。⑧ 修短，长短。 ⑨ 春秋，年岁。 ⑩ 椒衍瓜绵，以椒与瓜比喻子孙之兴盛，语出《诗经》。 ⑪ 哀毁指过分地悲哀以致有伤身体。 ⑫ 戋戋束帛，古语指微小的礼物。 ⑬ 孝履是对居丧者的问候语，平常用敬颂或敬请什么安，颂、请、安等字都不能用，必须改变一下。

吊唁的信不能用平常的客套，一般总是先表示自己的悼意，然后劝慰对方不要过分悲痛。再将逝者赞扬一番。最后道歉不能亲自作吊。如果是十分亲近的关系，可以再详细问问身后的情况。不可牵涉到别的话。如果夹杂不关紧要的话的，那就是失礼。写这种信必须用素笺，不能盖红色印章。

附　录

花朝长忆蜕园师

故　居

在上海武康路靠近湖南路的地方，巴金寓所的对面，有一条短短的弄堂，牌号是216弄。弄内原有三座建于20世纪20年代的花园洋房。如今一座已被隔出去成为某服务公司所在地；另一座曾是派出所的办公楼，现在变成一般民居；第三座因花园内有一株玉兰而曾被一位独居的老人动情吟唱，可惜几年前拆毁后原址已划归某宾馆所有，玉兰树怕也早已凋枯或被砍伐了。

老人名瞿蜕园。20世纪80年代以来，随着《李白集校注》《刘禹锡集笺证》等有分量的古籍新版本的问世，以及《汉魏六朝赋选》《左传选译》《古史选译》等旧著的重印，他的名字重新为专业人士所熟悉。可是由于大部分著作尚未再版，而多数读者又不知瞿宣颖、瞿兑之、瞿蜕园为同一人，因此即使在学术界，人们对他生平、学养的了解仍然很不全面。“文革”结束后，郑逸梅曾多次在他的补白式回忆中谈到这位故交，其中一篇《瞿兑之学有师承》将对象勾勒得尤为生动，只是用千字文来谈瞿氏毕竟仍嫌太短。而在一些重版书的编者前言中，对作者的介绍就更为简略，且有错讹，如将“宣颖”说成笔名之类。这些都使我感到应该将自己青年时代师事蜕老的所见所闻忆写出来，作为对逝者的一种纪念。

我想仍从他的故居谈起。

蜕老原先住在五原路，与我家所住的安福路是两条挨在一起的平行小路，步行十分钟，即可来到对方门口。当我读小学的时候，父亲的客人来了，常常由我端茶，端完就离开；对于大人之间的谈话，听不懂，也没有兴趣，倒是客人的外貌容易引起我的好奇。譬如20世纪50年代也住在安福路的复旦大学教授徐澄宇，长须，长发，长衫，配上一副银丝边眼镜，形象十分特别，给他端完茶后我就会忍不住多看几眼；但关于他的性格和厄运，说来话长，是需要另文回忆的了。

蜕老也留唇髭，冬天有时也穿长袍，但形象不古怪，所以最初没有引起我的注意。到我进入高中，对古典诗词产生浓厚兴趣时，才开始留意父亲同一些朋友之间的唱和。而蜕老的诗大都写在花笺上，书法遒美，闲章也耐人寻味，故而格外令我喜爱，觉得读他的诗稿乃是美的多重享受。大约在20世纪50年代中期，他由五原路迁居武康路。他住在底层面朝花园的南房，房前有个阳台间。房内除一张书桌、一条长沙发、一张经常挂着蚊帐的床外，触目所见是沿墙书架层层堆积的线装书。房角有一门通向朝北的小房，那里住着一位老保姆，照料他的日常生活。“文革”被抄家后，蜕老被从南房赶到北房，保姆则遣回原籍。

他在五原路的住宅，我没有去过，想必十分宽敞，以致乔迁武康路后，他和来访的友人都对新居有逼仄之感。郑逸梅曾这样描述：“兑之晚境坎坷，所居窄隘不堪，戴禹修去访他，有一诗云：‘有客时停下泽车，入门但见满床书。两三人似野航坐，斋额应题恰受居。’我也到过他的寓所，同具此感。”其实，第一个用“屋小如舟”来形容此房的是蜕老自己。他搬家后作过四首五律，是当时心情的真实写照。记得父亲收到他的诗稿后，连续几天都用很带感情的腔调反复吟诵。我也读过多遍，很快就记熟了，现在原稿虽已失落，我还能一字不差地背下来，连诗前小序都背得：

自五原路移寓武康路，屋小如舟，赁庑之费，皆出问字金也。时值风雨之后，秋暑尚炽，即事书怀四首。

何适非吾土，聊思物论齐。市声嚣渐隔，诗梦醒还迷。阅世枯形剩，投林倦翮低。更无书籍卖，敝簏尚亲携。

两年诚久假，三宿岂无情。雨坏垣衣色，风搜树穴声。去时何挂碍，来亦费征营。与我同憔悴，秋花不肯荣。

半亩莎承屐，重行树拂窗。静知睡味好，暂遣客心降。促坐无宾榻，经时涸酒缸。舵楼催晚饭，真似住吴艭。

敢薄家人语，思为杂作庸。儿童厌占毕，老退荷宽容。适愿成鸥泛，埋忧即蚁封。且祈残暑尽，塞向更谋冬。

我那时求知欲旺盛，喜欢“转益多师”，又喜欢把一位老师的作品拿去给另一位老师看，在他们的议论中获取教益。上面这几首诗我便带给别的先生看过。一位是我的中学语文老师，姓高名飞，字安翔，系武汉大学中文系1935年毕业生。由于都酷爱古典文学，我们之间建立了超乎一般师生关系的友谊，而且维持了几十年。那天去他家时，上海教育出版社的胡邦彦先生也在座。两位先生都盛赞这几首诗的功力，认为典故用得十分自然，如“塞向”出自《诗经·七月》的“塞向墐户”(修砌朝北的窗门)，用在这里贴切而无痕迹。又如“三宿”典出《左传》《孟子》，而这里取其“恋恋不舍”的引申义，由《后汉书·襄楷传》的“浮屠不三宿桑下”、苏轼《别黄州》的“桑下岂无三宿恋”直接化出，同时又与全诗情感融为一体，读来甚有回味。

那时我已就读于复旦大学中文系，有位住在复旦第二宿舍的董钟林教授也是我常去请教的对象。矮胖的董先生是20世纪30年代从美国留学归来的测绘学权威，他对科学的执着、对科学家人格和学术尊严的维护、对老伴的挚爱以及他的悲剧人生都留给我很深印象。他又作得一手好诗，与中文系的吴剑岚教授时有切磋。那天我带着自己的习作和蜕老的《移寓》诗前去拜访。他先看我的诗，立刻不屑地丢在一边；随即用他的江西腔大声吟诵起蜕老的诗来，之后说了很多表示钦佩的话，我特别记得的一句是："这同古人的诗已经不分轩轾了。"后来他才想起我的诗来，笑着说："等你将来老了要删诗时，自己会把这诗删掉的。"我现在已想不起来当初给他看的是什么诗，足见在我的记忆中该诗确已被删除。

家　世

蜕老原籍湖南善化，同我说话，用的是带湘音的普通话；而同我父亲交谈，则两人都说长沙话。蜕老大我父亲六岁，似属同辈人，但父亲说他辈分高，曾要我呼他"太老伯"。他当时连连摇手，说"不能这么叫"；我也觉得别扭，以后便仍然称他"蜕老"。第一次呈诗稿给他时，父亲又让我写下"蜕园太世叔诲正"的上款。他看了又连说"不可"，拿起笔来将"太世叔"涂掉，在边上写下"吾师"二字，笑着说："以后就这么写，如蒙不弃的话。”

他的辈分究竟高在哪里？我到今天也不太清楚，想来大概要追溯到两家上辈在湖南的关系，但要找出他比我长两辈的旁证倒并不困难，这里可以试举二例，由此还可顺便谈及他的家世。

一个例证是，在我家亲戚中，有一位持独身主义的曾宝菡女士，是从日本留学归来的骨科医生。因为同住上海，她又懂点妇产科，母亲分娩时，她来帮忙接生过，所以彼此走动较勤。父母称她“四姐”，我呼她“四姨”。她生于1896年，是曾国藩的曾孙女；而蜕老比她仅大两岁，却是曾国藩的小女儿曾纪芬的女婿，——作为“四姨”的姑父，显然长我两辈。

曾纪芬的丈夫是历任苏、松、太道台，苏、皖、浙巡抚的聂缉椝（字仲芳，湖南衡山人）。读过唐浩明《曾国藩》的人，可能会对小说家笔下的这两个年轻人留有印象。而在《辞海》条目中，聂氏作为恒丰纱厂的创办人则被称为“近代资本家”。瞿、聂两家的关系很密切。聂氏于1911年春去世。同年秋辛亥革命爆发后，新寡的曾纪芬带着家人是与瞿家同乘一艘轮船从长沙避往上海的。不过我很少听蜕老说起曾家的事。有次父亲送他一块当年曾国藩的备用墨，上面有“涤生相国拜疏之墨”几个字，他笑着把玩了一会儿，也没有多说什么。但我认为他同老岳母的关系也许不错，理由是，《崇德老人自订年谱一卷·附录一卷》的署名为“聂曾纪芬撰、瞿宣颖辑”；

曾纪芬抵京合影（左三为瞿蜕园）

实际上多半是岳母口述，女婿整理。至于蜕老同夫人的关系则长期不睦，这也是他独居在外的原因。他夫人名聂其璞，在家中排行第九。我小时随父母去四姨家祝寿、吃饭，可能在客人中见过她，只是现已毫无印象。听父亲说，四姨站在她姑母一边，对蜕老从无好评。

另一个例证是，“文革”抄家之前，我家墙上并排挂着四个镜框，里面分别为陈夔龙、朱孝臧、余肇康、陈三立四位前清遗老自书的作品。对这四连屏我曾在拙文《梦中的真迹》中做过较详细的回忆。这里想说的是，四位作者均出生在19世纪50年代，比我祖父要大近二十岁，题款时则都以对晚辈的口气称我祖父为“琢吾世兄”或“琢吾姻世兄”。其中曾任江西按察使的余肇康与蜕老的父亲瞿鸿禨是儿女亲家，推想起来，祖父比瞿鸿禨自然也要晚一辈。

瞿鸿禨字子玖，号止庵，人称“善化相国”。对于这位活跃于清末政坛的军机大臣，从《清史稿》到各种笔记、回忆录（如刘成禺《世载堂杂忆》、徐一士《一士类稿》、溥仪《我的前半生》）多有记叙。高阳的小说《瀛台落日》更对瞿鸿禨、岑春煊与奕劻、袁世凯之间的斗争做过绘声绘色的描述。在父亲与蜕老的闲谈中，晚清至北洋的掌故是涉及最多的话题，当然也会谈到瞿鸿禨。其时我对这段历史尚不熟悉，当他们不用姓名而用字号、绰号、籍贯称呼一些人时更反应不过来，所以现在印象较深的仍是与慈禧、光绪相关的几件事：

一是慈禧重用瞿鸿禨，除了他办事干练之外，还因他的长相酷似同治皇帝。对于中年丧子的西太后来说，与这个忠心的臣下相对，别具亲切之感。此事似乎广为人知，故瞿鸿禨去世后，冯煦赠他的挽联有“音容疑毅庙”之句，盖同治的庙号为“穆宗毅皇帝”。我见过瞿鸿禨的照片，须发皆白，很难与画像中青春年少的同治联系起来，倒是一看就知与蜕老为父子关系，但他不戴眼镜，双目比儿子有神，难怪康有为的《敬题瞿文慎公像》有“岩电光芒烂有神”之句。

二是慈禧知道瞿鸿禨不进肉食，宫中赐宴时，会关照御膳房专门为他做几样素菜。联想到蜕老也不爱吃肉，我曾问他是不是“遗传”，他说“有一点”。

三是瞿鸿禨曾将他祖父瞿岱所绘《自济图》及祖母汤氏所绘《分灯课子图》送请慈禧、光绪“御览”。慈禧在画上题了“耀德昭孅”四个字。光绪则题七绝一首：“自济兼怀道济忱，画堂宵课惜分阴。象贤有后传家学，述德毋忘世守心。”瞿鸿禨感激之余，又将他祖父所绘《写生十六册》赠予皇室，随即被收藏在懋勤殿中。作为回报，慈禧亲笔绘了一幅红梅送给他。

四是慈禧能写大字。身兼外务部尚书的瞿鸿禨曾陪同各国使臣参观紫禁城，“瞻仰”了光绪的寝宫养心殿。慈禧则当场书写“寿”字，“字大逾丈”，赠予每位使臣各一幅。我曾问蜕老，慈禧书画水平如何？他笑着摇头：“皆不足道。”

关于瞿鸿禨的父亲瞿元霖，我以前所知不多，前些年翻阅陈寅恪诗集，在七律《寄瞿兑之》中，读到“论交三世今余几，一别沧桑共白头”之句，经过研考，始知瞿元霖与陈宝箴为同科举人，且有深交。至于瞿鸿禨与陈三立，蜕老与陈衡恪、陈寅恪之间的友谊则从彼此的诗文皆可看出。特别是瞿鸿禨晚年曾请陈三立代为删诗；其诗选遗墨付梓时，沈曾植、余肇康、陈三立曾分别为之作序，而陈序写得尤带感情。

生　平

在我工作单位的草坪边缘，有一排与雪杉相间而种的玉兰树，平时不太显眼，须到早春二月，才突然开放出大朵大朵雪白的玉兰花。这时经过树下，我总会想起蜕老，想起他故居园中的玉兰，想起他一生的起伏，想起他晚景的悲凉。

蜕老喜爱玉兰，除了爱它的淡雅皎洁、冲寒早放，更因为它与自己的生日相联系。我很长时间都不清楚蜕老的阳历诞辰，却很早就知道他的阴历生日。不记得是哪一年，我偶尔向他说起，我别号“潮生”，是因为生日恰逢八月十八——钱塘江观潮的日子。他答道：“你同潮神一天生日；我同花神一天生日。”接着又笑补了一句，“同林黛玉一天生日。”我从此记得这个日子——二月十二花朝。而他园中的玉兰每年赶在花朝时节开放，对于蛰居小屋的老人自是一种安慰。

蜕老虽爱玉兰，诗中咏及此花时情绪却很消沉；或者也可以说，他晚年的自寿诗都写得悲观凄凉。譬如：

未甘病后全疏酒，但觉春回懒赋诗。年去年来当此日，渐行渐近是归期。

冲寒行见玉兰开，岁岁频邀屐齿来。池水料难吹皱起，又牵残梦锁楼台。

这二首诗作于1966年春。“池水”句显然由冯延巳的“吹皱一池春水”化出。尽管那时他已很难感觉到春天的美好，但心中仍有“残梦”萦绕。他的“残梦”是什么呢？我不能臆测；但我以为任何人的梦想总与平生遭际相关。

蜕老一生所住时间最长的地方是长沙、北京、上海。从这三处地方或许可以对他的旧梦做番追寻。

蜕老生于1894年3月18日（这个日期是我据阴历生日推算出来的），少年时代在长沙度过。他当然进过私塾，除熟读四书五经外，对《说文解字》也在张劭希的指点下通读过。出于对近代史的无知，我曾问过他一个愚蠢的问题：“您为什么不参加科考呢？”“我十二岁时科举已经废除了。”我这才悟到科举是在光绪三十一年（1905）废除的，与辛亥革命无关，而蜕老说的十二岁是虚岁。好像正是在十二岁那年，他考进北京的译学馆，主修英文。两年后瞿鸿禨在政争中失败，开缺回籍；蜕老也随家人回到长沙，一直住到辛亥革命爆发。

长沙的生活是一段美好的回忆。每逢蜕老与我父亲谈及长沙往事，两个人都会兴致勃勃。可惜我从未去过长沙，对于他们的谈话内容也难以形成记忆。留有印象的一件事是，辛亥革命五十周年时，蜕老在《新民晚报》发表《湘水吟》七绝二首，在“重开气象天心阁，百级高腾五十秋”句下自注：“天心阁为长沙城南门楼。”父亲读后曾向他指出：“你记错了，天心阁是天心阁，南门楼是南门楼。”

瞿鸿禨在长沙的故居十分宏敞，邸中有息舫、虚白簃、湛恩堂、赐书堂、柯怡室、扶疏书屋等建筑，而尤为著名的是超览楼和双海棠阁。前者为瞿鸿禨的书斋，后者为蜕老少时读书处。在我保存的蜕老诗稿中，有些笺纸便印有“超览楼稿”四字。对于这段生活，蜕老在《故宅志》中做过描写：“一生所得文史安闲之乐，于此为最。每当春朝畅晴，海棠霏雪，曲栏徙倚，花气中人。时或桐荫薜砌，秋雨生凉，负手行吟，恍若有会。”这样的读书环境真是不可多得。我不能确定的是故居的地址。据郑逸梅《瞿兑之学有师承》一文说，该宅位于长沙朝宗街。而在陈寅恪《寄瞿兑之》一诗的自注中却写道：“丁巳秋客长沙，寄寓寿星街雅礼学会，即文慎公旧第也。”不知何说为是？

还应提及的是，正是在长沙，蜕老师从了王闿运、王先谦、曾广钧等名宿，这对他学问的奠定及后来的发展具有重要影响。

北京是蜕老最熟的地方。除曾在此就读译学馆外，北洋时期他曾任国史编纂处处长、国务院秘书长等职；北伐后直至抗战胜利他曾任南开大学、北师大、燕京大学、辅仁大学等校教授。即使在南开任职时，他也保留着北平的住宅；那里因为也有两棵海棠而勾起他的乡思，于是他称京宅为后双海棠阁。而构成他一生污点的是北平沦陷时期当过北大监督。关于他那时滞留北平的原因和经过，我从未听他谈过；只是从他的旧作中读到“暂学凫依渚，初逃雁就烹”一类诗句，猜想他或许受到过日本人的胁迫；而从我后来了解的他的性格来看，他是经不起威吓的。

谈起北京的历史掌故、风土人情，蜕老可谓如数家珍。他著有《北平史表长编》，也写过《北游录话》这样娓娓动人的长篇导游散文。青年时代我没有去过北京，每每听了他的描述而心驰神往；也正是从他那里知道了刘侗的《帝京景物略》、孙承泽的《春明梦余录》、朱彝尊的《日下旧闻》。后来我在北京住过八年，对于京城掌故却仍旧不甚了然；而且在我接触的“老北京”中似乎也无人能像蜕老那样熟谙一切。究其原因，我想还是在读书和观察两方面都难以达到他的境界。

蜕老在上海的生活分为前后两段。前段从辛亥革命后举

俞汝捷在瞿蜕园故居弄口

家迁沪开始，住了十年左右，那是他的求学时期。他先后就读于圣约翰大学和复旦大学。值得一提的是，五四运动中，他是上海的学生代表。那时成立了学生联合会，他担任文牍，学联章程以及各种文稿大都出自他的手笔，这在许德珩等人的回忆录中均曾谈到。1961 年我考进复旦中文系后，他曾半开玩笑地说："我们是同学了。"我曾问过他为什么五四运动中会被选为代表，他很平淡地说："主要是考虑到我能用英文直接同外国人对话。"

后段即 1949 年后，蜕老一直住在上海，靠写作为生。据他告诉我，齐燕铭来上海，曾对有关领导说："瞿蜕园、陈子展还是要用的。”可能正是因为这句话，陈子展很快被摘去“右派”帽子，而蜕老则成为徐汇区政协委员。（据金性尧《伸脚录》所云，则齐氏关心的另一人为谭正璧，而非陈子展。）他那时的收入来源有三：一是作为特约编审，中华书局上海编辑所每月付他一百元；二是香港《文汇报》每月寄给他一百元港币，按照当时比价，约合人民币四十元；三是各种零星稿酬。应该说生活还过得去。“文革”开始后，中华书局的钱和零星稿酬都没有了，香港《文汇报》的汇款也常被扣住，生活顿形拮据。1968年他虚岁七十五时曾作诗慨叹：“百年已过四分三，世事何曾得稍谙。自顾皮囊真可掷，即无廪禄亦怀惭。”

回忆蜕老晚年，我总会想起龚自珍的“避席畏闻文字狱，著书都为稻粱谋”。关于他失去稻粱谋的权利、终于被卷进文字狱的经过，后文还要详谈。

著　作

蜕老原名宣颖，字兑之。在我懂得名与字的关系即《仪礼·士冠礼》所谓“冠而字之，敬其名也”后，曾问父亲：“宣颖”与“兑之”有什么关系呢？父亲说，“颖”字取“尖锐”之意，所以蜕老小时字“锐之”；稍长后觉得自己不属于“锥处囊中，脱颖而出”的性格，这才改字“兑之”。我后来读蜕老的一首五言排律，内有“如锥安蹇拙，挺节让峥嵘”之句，表达的正是一种虽有锋芒而不求毕露的处世观。至于“蜕园”

这一别号则是抗战胜利后才开始使用的，意在忏悔自己走过的弯路，表示要如蝉蜕般告别旧我。他虚岁七十那一年，我在他家墙上看到叶恭绰贺他生日的两首采桑子，第一句便是“蜕园往事都成蜕”。

我进入复旦后，出于青年人的好奇，曾在校图书馆的人名索引中查检，发现他的著作，三种署名都有；而在“瞿”姓作者中，他的书是最多的。这次为了写回忆文章，我又去上海图书馆查阅，结果如下：

署名“瞿宣颖”的有十二种：《中国社会史料丛钞》、《同光间燕都掌故辑略》、《方志考稿》、《北京历史风土丛书》第一集、《北京掌故》、《北平史表长编》、《崇德老人自订年谱一卷·附录一卷》（聂曾纪芬撰、瞿宣颖辑）、《长沙瞿氏家乘》十卷、《长沙瞿氏丛刊》四种、《忆凤楼哀悼录》（徐咏绯辑，附瞿宣颖撰《徐君妻钱夫人墓碣》）、《先文慎公奏稿》一卷（瞿鸿禨撰、瞿宣颖钞本）、《先公庚辛家书》一卷（瞿鸿禨撰、瞿宣颖钞本）。

署名“瞿兑之”的有七种：《人物风俗制度丛谈》甲集、《两汉县政考》、《秦汉史纂》、《汉代风俗制度史》前编、《杶庐所闻录 养和室随笔》、《燕都览古诗话》、《汭宁诗选序目》。

署名“瞿蜕园”的有十二种：《古史选译》、《左传选译》、《李白集校注》（瞿蜕园、朱金城校注）、《刘禹锡集笺证》、《汉魏六朝赋选》、《通鉴选》、《史记故事选》、《汉书故事选》、《后汉书故事选》、《长生殿：戏曲故事》、《补书堂文录》、《刘禹锡全集》（校点）。

由这个目录可以知道上海图书馆的收藏尚不完备。譬如我在复旦大学图书馆借阅过的《楚辞今读》，我听说过而从未获睹的《北平建置谈荟》，该馆似乎均无。又如我的藏书中有《古今名诗选》（瞿兑之、刘麟生、蔡正华辑注，全四册，商务印书馆 1936 年初版）、《学诗浅说》（瞿蜕园、周錬霞合著，香港上海书局 1964 年 2 版）、《铢庵文存》（瞿兑之著，辽宁教育出版社 2001 年 1 版），该馆也都阙藏。此外，蜕老还有一些著作收在丛书中，如《中国骈文概论》收在《中国文学八论》（世界书局 1936 年初版）中，《汪辉祖传述》列入“民国丛书”第三卷（上海书店 1996 年影印），《杶庐所闻录 故都闻见录》列入“民国笔记小说大观”第一辑（山西古籍出版社 1996 年版）。还有许多文章、诗词没有结集，当然在上述目录中也反映不出来。

蜕老为人谦虚，无论在史学、文学、书画或其他方面，我从来没有听他说过一句自夸的话，而实际上他在多个领域都卓有建树，他的多数旧著都具有再版价值。譬如，他对汉史下过很深的功夫，这可能与早年所受濡染相关。盖瞿鸿禨撰有《汉书笺识》；而他的老师王先谦也曾肆力《汉书》，所作补注，被誉为“奥义益明，《地理》一志尤为卓绝。自是读《汉书》者人手一编，非无故也”（杨树达《〈汉书窥管〉自序》)。有次我去他家，看到桌上有封从香港转来的台湾来信，一问，他说 :“钱宾四的信。据说台湾的大学还在用我的秦汉史讲义。”说这话时，他眼中露出欣慰的神情。所谓“讲义”大概指的是 1944 年由中国联合出版公司出版的《秦汉史纂》。惭愧的是该书我迄今未曾读过，所以尽管曾多次听蜕老谈文景之治，谈中国历史在汉代的关键性转折，我却不敢在此妄加复述，唯恐歪曲了他的原意。很巧的是，前不久偶尔在网上读到一篇介绍已故东北师大历史系教授李洵的文章。文中写道 :“瞿兑之先生家学渊源，曾给李洵教授秦汉史，很有见解。给他深刻的印象是瞿先生当时在整理地方志，用功颇勤，对青年学生，有问必答，答必详尽。”这是对蜕老 20 世纪 40 年代教学情况的简单而真实的介绍。至于他对地方志的研究，我也不敢妄评，而愿意引用来新夏《中国地方志总目提要》序言中的一段话来说明 :“编制提要目录确为一项繁重工作，前人曾有部分试作。1930 年，方志学家瞿宣颖所著《方志考稿 (甲集)》由大公报社出版，是中国最早一部私家方志提要目录专著，主要著录天津方志收藏家任凤苞天春园所藏方志六百种，逐一辨其体例，评其得失，志其要点，录其史料，为学术含量颇高之目录学专著。”此外，他的《志例丛话》也是方志学领域的重要著述。

蜕老更为人注意的可能是在掌故学方面的成就。现代治掌故者不少，最具功力的有三人，即徐一士、黄浚 (秋岳)

和蜕老，他们的共同特点是博闻强记、胸罗极富而又善于研究分析。徐、黄二人的著作均请蜕老审读和作序，则充分反映了他们对蜕老学养的信服和敬重。而蜕老的序言不仅对《一士类稿》和《花随人圣庵摭忆》予以评价，更对掌故学的研究对象、范围、任务、方法和个中甘苦作清晰的阐发。窃谓到目前为止，有关掌故学的理论探讨依然罕见，读《〈一士类稿〉序》仍有空谷足音之感。至于蜕老自身的掌故学，较之徐、黄，又有所区别。除了著述更丰、分类较细之外，作为史学家，他善于将掌故学的成果运用于专题史（如地域史、风俗制度史）的研究；作为诗人，他的《燕都览古诗话》又能创造性地以诗配文的生动形式来谈掌故。此外，徐、黄均以文言写作，而蜕老则有文言、白话两副笔墨，后者显然更能为一般读者所接受。

诗　词

五六十年代，像蜕老和我父亲这样的老人，除了读书，生活中可供消遣的事不多，于是互访聊天、作诗填词就成为一种乐趣。有意思的是，他们都不约而同地把自己的诗分为两类：一类作为“稻粱谋”，是准备投给报刊发表的；另一类则是写来自我欣赏，或在友人中互相传阅的。前一类诗没有什么个性特色，也看不出特别的功底，所以见报之后彼此通常都不提及，更不会去唱和。后一类诗才见出各人的才情与风格，见出特殊时代一些文人真实的心声。可惜的是，经过十年浩劫，这类作品大部分已片纸无存。1964年前后，蜕老手抄历年所作部分古近体诗，装订成四册；我曾借来读过，归还后又被一位胡温如老太太借去阅读。胡系安徽巢县人，早年在上海美专学过山水画，亦能诗词，与蜕老和我父亲均有唱和，因能写一手《灵飞经》小楷而曾替蜕老誊抄过书稿。二十多年前我去上海探访她，问起蜕老的四册诗稿，怕是年老健忘的缘故（其时她已九十岁），她已回答不清：似乎曾被抄走，却又意外发还，但已不在她处，可能送给某个晚辈去作纪念了。

我是五十年前读的诗稿，对具体内容已无法详述；手边留有若干蜕老的诗词手迹，也难以反映其创作全貌；这里还是只能就具体的接触来做些回忆。

大约在读高二时，我弄懂了诗词格律，开始尝试写作。当时对词尤其是小令的兴趣甚浓，处女作便是一首《阮郎归》；而每逢前辈们对自己的习作有所肯定，积极性就更调动起来。我曾向蜕老请教小令的作法。他认为我还年轻，所以词中不要作悲愁语，不要“为赋新词强说愁”，而要写得轻松、美丽；也不要像作诗那样用典，僻典尤不可用。此外，意思的表达总以含蓄蕴藉、半虚半实为宜，不能太直白，要经得起玩味。我想读他的小令，他便录了一首堪称“轻松、美丽”的《临江仙》给我。这张彩笺我还珍藏着，其词如下：

六十九番春好在，番番催动芳华。白头犹得醉流霞。风香怀杜若，水色映桃花。　最是江南留客住，丝杨绿到天涯。愔愔情味属诗家。一双新燕语，十二玉阑斜。

1960年，蜕老与李蔬畦、周紫宜等用“烟”字韵作《浣溪沙》，反复唱和，后出油印本，题为《春雨集》，由蜕老作序，曾送我一本。我很羡慕他们叠韵酬唱的本领；读了蜕老的序，更羡慕他骈文的功力，但也明白自己永远都别想写出这样的文字来。其序略云：

庚子之春，淹病不斟，朋欢顿寡。三月恒阴，一楼坐雨，意苦辽落，思益渺緜。重帷暂褰，煮茗则枯肠结轖；残编偶拾，过字则倦目瞢腾。粗足慰情，托之理咏，爰依旧韵，叠成短章。不同真逸，徒玩山中之云；每笑偏弦，敢附花间之调。友纪二三，喁于往复，或连类而寓兴，或莫逆而相咍。翰简迭输，赏析忘勚，亦一时游处之迹也。嗟夫去日，空抚流尘；对此新韶，讵蠲生意？念逢辰之共庆，愿陈力而末由。诸君服勤春社，散帙晨轩；乘暇抽思，倾怀破寂；同兹善感，使我

《临江仙》

移情。迩者沟瞀未袪，昏翳逾甚。龙树之方无灵，
文昌之疾将殆。废书何叹，与时偕行；转益泊然，
惟期永好。辄写诸篇，裒为一集，颜以《春雨》。

这次唱和的发起人李蔬畦我没有见过。从他词中的一个自注看来，似乎蜕老曾有意“别创新词体”而并未付诸实践，“近作咏杜鹃花词仍用《鹧鸪天》调，持论殊不坚”，于是他加以戏谑：“见说流霞替暝烟，映山红护夕阳边，寻声犹是《鹧鸪天》。 新酿何妨储旧窖，繁英无数弄春妍，老怀脉脉拥词仙。”

谈起《鹧鸪天》，不由想到蜕老曾告诉我，该调的首句、第四句和末句均为“仄仄平平仄仄平”，因此可以连作三首，而将前人的一句诗分别放在这三个地方，读来甚有趣味。他举例说，樊增祥就曾将白居易的“露似真珠月似弓”衍为《鹧鸪天》三阕。我问：“这不是同辘轳体诗一样了吗？”他答：“正是。”后来我曾仿照这种形式作过多组《鹧鸪天》。

关于蜕老的“持论殊不坚”，我也有体会。譬如他曾告诫我，和韵之诗不宜多作，而他同我父亲却用“黄”字韵作七律唱和，直至“四叠前韵”，《春雨集》中，他更叠韵作《浣溪沙》达十五首之多。又如他认为仄韵律诗在唐以后少有人作，也劝我别学，可是他的《秋日行游园林，杂咏所见卉植五首》，末首即为仄韵五律：

婉婉黄葵衣，垂垂紫蓼佩。水花轻自摇，风竹交相碍。偃仰陂陀间，参差姝丽态。眼中故国楼，一碧潇湘对。

清人项廷纪有云："不为无益之事，何以遣有涯之生？"蜕老的有些诗也是带消遣性质的。而对于学生时代的我来说，则凡属新鲜的体裁、写法，都乐于一试；以至多年后当我以诗配文的形式为《程十髪书画·历史人物》作序时，还不忘在九首七律之外有意安排了一首仄韵诗《李凭》："李生鬼句惊风雨，程公神笔添佳趣。欲使箜篌光彩生，遂令李凭男化女。石破天惊纸上声，龙奔蛇走毫端舞。一夕清光月满楼，观君斯画俗尘去！"此诗采用了失对、失粘的写法，所以不能算是仄韵七律，倒像是一首采用律句的七古。

蜕老早年师从王闿运（字壬秋，号湘绮）。由于我祖父做衡阳道道台时与王氏有过交往及唱和，"文革"前家中也挂过王撰的对联，所以当父亲与蜕老谈及这位富于传奇色彩的老人时，我总是很感兴趣地倾听，有关湘绮楼的种种逸闻包括周妈的故事也都耳熟能详。印象中蜕老对自己老师的评价平实而客观，从无溢美之词。我曾问及王氏在诗史上的地位。他说，湘绮翁是近代湖湘诗派的领袖，所作《圆明园词》在当时很有影响，被认为可以追步元稹的《连昌宫词》；但诗中涉及很多近代史实，须读作者的自注方能弄清。我问他如何看待王氏诗宗汉魏六朝的主张。他说："学诗从汉魏六朝入手是对的，这样容易显得气息深厚、骨力雄健；但把拟古当成目的就错了。文艺创作贵在写出自己的真情实感，一味模仿，仿得同古人一模一样，不是没有自己的面目了吗？照我看，湘绮翁写得最好的并非刻意模拟之作，而是那些不经意写出，却能见出真性情的作品。"

蜕老撰有《晚抱居诗话》（未出版），曾用一种从故宫流出的带脆性的深黄色纸为我书写过十页。《诗话》对上述"不经意写出"的观点屡有发挥。譬如在论及前述樊增祥所作三首《鹧鸪天》的优劣时，便认为第三首因含故实而"转似稍逊，盖诗词毕竟以偶然寄兴为佳，不必实有所指也"。

除诗话以外，蜕老还曾以七绝形式，评论《全唐诗》中的部分诗人，作了数百首，可惜都已抄没、毁灭，否则会是一本别具特色的以诗论诗之作。如今能够约略体现其诗学观点的只剩下与周鍊霞合著的《学诗浅说》。周氏名鍊霞，字紫宜，是很有才华的诗人兼画家。我还读过她 20 世纪 40 年代写的短篇小说《佳人》，也颇富灵气。而《学诗浅说》主要由蜕老执笔。该书属于普及读物，却因作者本人对诗词有着极深的功力和识见，故无论谈诗的结构与形式、鉴赏与诵读，还是谈诗的发展与流派、写作途径与方法，都显得既平易亲切，又游刃有余，读后有豁然开朗之感，拿来与现在书店中名目繁多的同类书一比，天渊之别立显。后者往往自身都不知平仄为何物，就要来告诉别人如何赏析；恰如一个不会走路的人，却要指导别人如何跑步，怎能不七拼八凑、捉襟见肘呢？

蜕老性格温和，循循善诱。给我印象很深的一件事是，他主张学诗要从五古入手，而后再学五律，而后是七律，最后再学七古。至于绝句和排律，在学律诗的过程中会自然涉及。这与他评价王湘绮时的观点完全一致。而我是从学小令起步的，进入诗的领域后，很自然地偏爱律绝，忽视五古。对此蜕老颇不以为然，但他只是从正面阐述道理，没有说过一句尖锐的话。直到 1962 年，我请他题写扇面，他才有意摘抄了几段顾炎武的文字，其中一段是：

> 近日之弊，无人不诗，无诗不律，无律不七言。七言律法度贵严，对偶贵整，音节贵响，不易作也。今初学小生无不为七言，似反以此为入门之路，其终身不得窥此道藩篱无怪也！

录完之后，他写道："顾氏《日知录》中论诗文语皆正大，辄为潮生世兄录之。"现在我已年逾七十，而诗依然写得肤浅、幼稚，除才力、学问不济外，一个重要原因是当初未能遵循蜕老的指点而在学诗路径上有所偏误。

书　画

蜕老从不以书画家自许，而观赏过他书画的人莫不赞叹备至，特别是他画迹不多，得者更其珍爱。这里为叙述方便起见，拟将书法和绘画分开来谈。

“文革”前的报纸，发表今人手迹是有讲究的，除了看作品，更要看作者的身份。譬如北京的报纸上，郭沫若的墨迹屡见不鲜，而叶恭绰有时也发表诗词，却从未见手迹影印出来。直到 20 世纪 80 年代中期，一个偶然的机缘，郭、叶的书法遗作才被并排登在《光明日报》上。虽然两人均对颜字下过功夫，但放在一起，郭字立刻显得逊色，这是稍懂欣赏的人一眼就可看出的。

在上海，以手迹见报最多的是沈尹默。这里除书法本身的原因外，沈作为中央文史馆副馆长、全国人大代表，身份也够格。而蜕老虽常在报上发表诗词，却至多在标题上被影印几个字。譬如 1958 年岁尾，《新民晚报》刊出他的《迎年词——“减字木兰花”十首》，“迎年词”三字便是他的手迹。这说明编辑尽管欣赏他的书法，在影印问题上也只能适可而止。

然而沈尹默与蜕老是彼此敬重的。据我所知，前文提到的胡温如与沈夫人褚保权是旧交。大约在 1963 年或 1964 年，沈向胡表示，他与蜕老早年在北京就相识，多年不见，思谋一晤。蜕老听说后，便带上一包茶叶去沈家拜访。两人交谈甚欢，沈并将所撰《历代名家学书经验谈辑要释义》一稿请蜕老带回去审改。事后沈与胡谈起这次会见，对蜕老的学问深表叹服。这些都是胡亲口讲给我听的。

他们的书法也曾并排出现，但不是在报上，而是在胡温如的一本册页上。也是20世纪60年代，胡请一些友人为她的空白册页题词。第一位是蜕老，先画一幅紫藤，接着以行草书写七律二首，我还记得开头两句是："左女诗篇越女筝，女床今见彩鸾停。"（"筝""停"不在同一韵部，我的记忆可能有误。）第二位是沈尹默，先以行书录写一首旧作《定风波》，后面又绘了一幅竹子。第三位是褚保权，她书写的是沈尹默的旧作《南歌子》。第四位是我父亲，专门为胡作了两首七律，我只记得其中一联是："虚怀互契轩临竹，同气相忘室蕴兰。"父亲嫌自己字丑，便另请上海市文史馆的陈尧甫书写。陈是前清举人，名毅，解放后不愿与市长姓名相混，遂以字行。他以回腕写颜体，殊见功力。第五位是龙榆生，写的是两首《蝶恋花》。20世纪70年代末，经夏承焘先生介绍，其女龙顺宜曾来函向我询问龙的遗作情况；我刚好去沪出差，便去胡宅将两首《蝶恋花》抄下来寄给了她。可惜当时复印机尚未普及，否则可以整本复印下来；而现在该册页不知由胡的哪位后人收藏着，恐怕很难公之于众了。

当时看过这本册页的人，都认为沈、瞿书法风貌不同，而放在一起旗鼓相当，诗词并臻佳妙，堪称珠联璧合。第三位褚保权的字也不错，而且据说 1961 年加加林遨游太空之际，由褚誊抄的沈作《西江月》一首，曾被报社误认为沈的手迹而影印发表。但在这本册页中，与前二位相比，其字还是稍逊一筹。

郑逸梅谈及蜕老的书法，说过一句很有见地的话："古人所谓'即其书，而知其胸中之所养'，不啻为兑之而发。"由此想到，当代书坛一些名家、博导的字，看来看去难脱匠气，并非全无功夫，实在是胸无学养所致。

有一年，我向书法家吴丈蜀先生出示蜕老的诗稿。吴老当时兼任《书法报》社长，赞叹之余，对我说："现在上海没有第二个人能写这样的字，你最好把它发表出来，让某某某之流知所收敛。"对这"某某某"他是点了名的，但未征得蜕老同意，我也不便公开。

蜕老的书稿都用毛笔行书写成。他用毛笔，比我用钢笔写字还快。如果有关出版社还保留着他的著作原稿，将来会是一笔不断增值的财富。

我见过的蜕老所写最小的字是《般若波罗蜜多心经》。三年困难时期，不知出于什么原因，他用一种我叫不出名目的洒金笺纸，以极小的正楷抄录《心经》。小到什么程度呢？拿我们常用的稿纸来说，每格可容下 4 个字，一张笺纸就可抄下整篇《心经》。那天我去他家，看见窗台上焚着一支香。他刚抄完一张，对我说："这张就送给你。"我注意到落款写的是"蜕园居士焚香恭书第二十六通"。我问他准备抄多少遍，他伸出一个指头说："一百通。"

我见过的蜕老所写最大的字是1960年分别为我父、兄和我写的匾额。为父亲写的是行书"延红馆"三字，跋语为："莱山二兄以此颜其居，有味哉！"其实父亲取此斋名，不过因窗前有几株红蓼开得煞是可爱罢了。为我哥哥写的是篆书"俞林"二字，这是哥嫂的姓，合起来又似有别解。为我写的是草书"海若楼"三字，那是我年少气盛时为自己起的斋名。三幅横匾均于1966年"扫四旧"时被抄没。

蜕老的隶书，目前能见到的是《汉魏六朝赋选》的封面题签。寥寥六个字，仍足以体现风貌的古朴、骨力的苍劲。

蜕老写得最多的是行书，其次是草书和真书。我手边残存的他的墨迹，这三种书体都有；除诗稿之外，还有他用真草二体临写的智永《千字文》。将来如有机会出版他的手迹，这些原件都可提供出来。

说到绘画，我想从齐白石谈起。在《白石老人自传》里，曾两次提到1911年清明后二日在瞿鸿禨家的诗人雅集——

宣统三年（辛亥·一九一一），我四十九岁。……清明后二日，湘绮师借瞿子玖家里的超览楼，招集友人饮宴，看樱花海棠。写信给我说：

"借瞿协揆楼，约文人二三同集，请翩然一到！"我接信后就去了。到的人，除了瞿氏父子，尚有嘉兴人金甸臣、茶陵人谭组同等。瞿子玖名鸿禨，当过协办大学士、军机大臣。他的小儿子宣颖，字兑之，也是湘绮师的门生，那时还不到二十岁。瞿子玖作了一首樱花歌七古，湘绮师作了四首七律，金、谭也都作了诗。……当日湘绮师在席间对我说："濒生这几年，足迹半天下，好久没给同乡人作画了，今天的集会，可以画一幅《超览楼禊集图》啦！"我说："老师的吩咐，一定遵办！"可是我口头虽答允了，因为不久就回了家，这图却没有画成。

民国二十七年（戊寅·一九三八），我七十八岁。瞿兑之来请我画《超览楼禊集图》，我记起这件事来了！前清宣统三年三月初十日，是清明后两天，我在长沙，王湘绮师约我到瞿子玖家超览楼去看樱花海棠，命我画图，我答允了没有践诺。兑之是子玖的小儿子，会画几笔梅花，曾拜尹和伯为师，画笔倒也不俗。他请我补画当年的禊集图，我就画了给他，了却一桩心愿。

这两段回忆中，有几件事值得一提。首先是谈到蜕老的师承，即曾向尹和伯习画。尹氏的画究竟如何，我无缘一睹。但从蜕老的描述以及我后来读到的文章中，可以知道：一、尹大约出生在19世纪30年代，连曾国藩的长子曾纪泽都曾向他学过画，而教蜕老习画时已年近八旬。二、蜕老少时喜弄丹青而苦无良师，他后来的岳父聂缉槼深赏尹氏的画艺，于是为之引荐。三、尹教画循序渐进，先教如何擘笺加胶矾、如何取水涤器、如何配制各种颜料，而后才谈如何摹习，用现在的术语说，他是一位重视材料学的画家，而用他自制的颜料作画，果然鲜洁无比。四、尹既精工笔，亦擅写意，唯书法非所长，故很少在画上题词，有时则请蜕老代题。五、尹为人迂缓落拓，遭逢不偶，一生未享盛名；而蜕老进入中年后时常怀想这位老师，并为自己当年未能潜心习画而感到有负于师。

其次，关于当年的那次雅集，在齐白石和蜕老心中都留有深深的印象，因此近三十年后白石老人还能凭记忆补画出来，而云树楼台，恰似当时情景。我能补充的是，“文革”前我父亲常用的一把折扇，一面是女画家陈思萱绘的在水草中游耍的两条金鱼，另一面是蜕老题的几首旧作。其中一首记叙了这桩往事：“当年湘绮会耆英，忆到吾家共赏樱。今日补图还补句，可怜燕市望湘城。”据知该图在装裱时几乎为裱工所赚，失而复得后又在兵乱中散失，后辗转为朱省斋所得。蜕老受请，曾为之题一长跋。

其三，蜕老居京时期，经常去看望齐白石。1940年老人八十寿辰，蜕老撰长文以祝。文章饶富文采而对齐氏评价极高，姑引几句如下：

山人之画，亦天授，非人力。古人蹊径，一扫而空。直以笔精墨华，致山川、烟云、粉黛、毛羽之态于眼底。他人纵欲效之，已落第二乘禅矣。当山人蹑屐入都，睥睨公卿，有如野鹤翩然，集于华庑，而未尝一改其萧疏出尘之致。翱游春明数十年，脱然声气之外，布衣踸踔，如其初来，岂徒以画重哉。

而白石对蜕老的评价也不止于自传中的一句“画笔倒也不俗”，而是每观其画，辄予嘉许，并曾为蜕老的梅花图题七绝二首：

色色工夫任众夸，一枝妙笔重京华。岂知当日佳公子，老作诗文书画家。

圈花出干胜金罗，一技雕虫费琢磨。若使乾嘉在今日，风流一定怪增多。

诗中“金罗”指的是金农（号冬心）、罗聘（号两峰）；通篇以“扬州八怪”为譬，足见评价之高。

蜕老曾为我父亲画过一幅墨梅扇面，题句为“写梅贵得清冷之味”云云，背面复题一首咏梅花的七古，经过抄家，现已下落不明。而当年为我摘题《日知录》的那把折扇，背面是一幅淡而雅的红梅。题词是：“潮生吾友再索拙画，聊复写此。壬寅伏日，蜕园。”此扇躲过一劫，至今仍在我手中。

通　人

20世纪60年代初，我有次去看蜕老，表示希望他能在国学入门方面给我一个系统的指点。他高兴地说：“好，我现在就给你写。”随即拿过宣纸、毛笔，几乎不假思索地写了起来。可能原来想用白话，故第一句中有个“的”字，而后来还是写成了浅近的文言。这张宣纸我一直珍藏着，考虑到它对今天乐于从事国学研习的人也许不无裨益，特照录如下：

> “五经”是不能不读的，否则将来治古籍必随时遇到难通之处。次序先《诗》，次《书》，次《易》，次《礼记》，次《左传》。前三种要在认识其面貌，不必过求能解，但同时须略知经学源流，如《易》之汉晋两派，《书》之今古文，《诗》之齐鲁韩毛。《诗经》择所好者略加讽咏尤为有益。《礼记》《左传》皆可选读。

《说文》必须看，不但要知声音训诂，而且讲书法必从小篆入手，颜柳欧赵在今日已流于俗套，非细玩晋唐人草书不能矫俗书之弊。草书直接由篆分而来，故多合于六书。凡字之美恶，不专在间架，尤重在用笔，非看古人手写真迹，不能得法。

同时可看《通鉴》。不必专注重兴亡大事，要能从史事看到各时代之社会背景。胡注颇多关于制度之说明，即无异于同时看《通鉴》。

朝代难记，若用公元作线索即不难。以世界重要史事与中国史相对照，更有全局在胸之势。

《四库全书总目》是一切学问总钥，必须翻阅。将《汉书·艺文志》先看一遍尤佳。

《史记》《汉书》二种不能偏废，《史》宜选看，《汉》宜全部看，但不必太过细看。于马取其史识，于班则取其史裁。

稍暇则宜略观《文选》，方知文章流俗以及修词使事之法，有可诵读者，能上口一二篇最好。

以上是基本工夫，能做到即足以为通人矣。将来之精深造诣，则在乎自择。例如子部之书即可作为第二步。

至于诗词之属，只可作为陶冶消遣，不是学问。无论何种文学，若不积累学问与人生经历，以两者相结合，必难有成。

学问要识门径，既得门径，要能博观约取，以高速度猎取知识，以敏锐眼光把住关键，即无往而不利矣。

对于像蜕老这样多年任国学系教授且一生都在治国学的老人来说，写这么一份入门提纲可谓不费吹灰之力。而后来重读提纲，让我想到了两个问题：一是通与不通；二是博与专。

提纲在讲完“基本工夫”后，有一句话是“能做到即足以为通人矣”。我曾问蜕老：什么叫“通人”？他没有正面回答，却谈起清人汪中的妙语。汪氏常说别人如何如何“不通”。一位乡绅问道：“照这么看来，我肯定也属于‘不通’之列了。”“不，你还不能算‘不通’；再读书三十年，可望列为‘不通’。”我当时听罢不禁失笑，但事后寻思，自己只怕也还没有达到“不通”的境地。

由此又想起一件往事。一次，父亲同我一起去观看某个画展，后向蜕老谈及观感时，对吴湖帆的画尤表赞扬。蜕老听后，没有对吴画发表意见，却说了一句：“吴湖帆文化不高。”我当时大感意外，因为在我的印象中，作为金石学家吴大澂之孙，吴氏家学渊源深厚，而他本人在书画创作和鉴定方面的造诣也为世所公认。后来我问父亲缘故，父亲笑道：“听说吴湖帆的许多诗词都经周鍊霞润色或代作。”于是我恍然明白，既然蜕老与周鍊霞合著《学诗浅说》，那么对上述情节想必更为清楚。同时我又联想到汪中的话，心想在不同的人眼中，通与不通多半也具有不同的标准。拿蜕老随便冒出的一句“文化不高”来说，可能更多的人是连“文化不高”都算不上的。

由“通”又想到“博”。在我接触过的前辈中，蜕老是最渊博的。在他身上，“通”与“博”紧密相连。作为“通人”，他的精通远远超出上述提纲范围，显出真正的博大渊深；反过来说，唯其渊博，他才打通了文史书画的诸多领域。

蜕老青少年时期就兴趣广泛，诗词文赋，琴棋书画，均有涉猎。进译学馆后，主修英文，而又旁及法、德、俄、意乃至希腊、拉丁等文字。一次，曾国藩的长孙曾广钧与瞿鸿禨闲聊，认为这孩子过于杂而不专，于是瞿鸿禨又让蜕老拜在曾氏门下。曾氏在晚清诗坛以致力于西昆体著称，而蜕老论唐诗，亦于李商隐青眼频顾，从这一点说，可能与他早年所受师教相关。但在兴趣的驳杂方面，似乎并没有因为师从曾氏而有所改变。其实，博与专并非只有对立的一面，在博的基础上于一个或若干门类作深层掘进，也许比始终专于一门效果更佳。

从蜕老来看，在他广泛的兴趣领域，有些涉猎成绩平平，甚至只有业余水准。譬如他认识工尺谱，少时跟母亲学奏古琴，也弹得不错，但并未走上民乐演奏之路。又如他对小说也乐于尝试，曾帮张鸿整理、润色、出版《续孽海花》，直到20世纪60年代，还为香港《文汇报》撰写连载小说《唐宫遗事》，但他的专长显然也不在这一方面。如果他在所有的领域都是如此表现，那就只能说是博而不专了。而事实上他却在不少学科如前文已经提过的秦汉史、方志学、掌故学等领域或有独特的建树，或有筚路蓝缕的贡献。他的博并没有影响专，而是为专的发展提供了厚实的基础。尤其是掌故学，很难设想一个兴趣单一、知识面狭窄的人能在该领域取得大的成绩。这里还想补充的是，蜕老对于职官志也素有研究，闲谈中聊起历代职官沿革，简直如数家珍。1965年，中华书局重印道光年间黄编本《历代职官表》时，便特地请蜕老撰写《历代官制概述》和《历代职官简释》，附于表中。此外，据我所知，《辞海》中的官制条目，大都出于蜕老之手，然而当《辞海》正式出版时，他的姓名没有在编写人员名单中出现，看来这一成果是被冒名顶替了。

蜕老虽然淹博，但也存在知识的"盲区"，确切地说，是观点的"盲区"。那是我在进入复旦大学后发现的。当时给我们讲授中国文学史的是王运熙、章培恒等青年教师。在知识层面上，我的收获不大，因为相关内容在入学前几乎都已熟悉。令我感到新鲜的是观点。当时在学术刊物上常有各种观点的争鸣，双方都引用马恩列斯毛的词句以证明自己正确。

老师授课时，也每每会介绍对某一问题的不同见解。这些对我来说都是前所未闻，因为在我所接触的老辈中，没有人同我谈过这类问题。有一次，王运熙先生在讲授李白一节时，介绍了两种对立的观点，具体内容我已忘记，记得清楚的是我曾拿该问题去请教蜕老。他听后脸上露出一种奇怪的表情，似无奈又似茫然，然后摇头说："不晓得。"他的确不晓得该如何回答。他在内心一定认为这根本就是不值得一争的问题。

交　游

蜕老性情随和，乐于助人，又兼兴趣广泛，不乏幽默，所以平生交游甚广。可惜作为晚辈，我知道的情况实在不多，这里还是只能就耳目所及，略述一二。

大约在 1963 年，蜕老曾去北京。返沪后我在他家看到一张照片，是他和朱启钤、章士钊的合影。他指着照片对我说："你看，我们一个七十岁，一个八十岁，一个九十岁。"他说的年龄略去了个位数，实际上章比他大十二岁，而朱比他大二十二岁。关于朱启钤其人其事，书报所载甚多（还刊有周恩来去他家探访的照片），无须我来重复。我想说的是，朱是蜕老的表兄，早年又是经瞿鸿禨举荐踏上仕途的，所以两家交往素密。朱瞿之间最有意义的合作则是在朱创立营造学会和中国营造学社时期。据《朱启钤自撰年谱》所记："民国十四年乙丑创立营造学会，与阙霍初、瞿兑之搜集营造散佚书史，始辑《哲匠录》。”说明早在1925年他们已经一起致力于这项工作。1930年中国营造学社成立后，凭着对北京建置的熟悉，蜕老自然成为该社骨干社员。

章士钊与蜕老是长沙同乡，两人的交谊维系了一生。1925年，在甲寅派与新文学阵营就文言与白话展开论争时，蜕老曾在《甲寅》周刊发表《文体说》支持章氏，认为“欲求文体之活泼，乃莫善于用文言”。但他们后来的态度颇不相同：章氏始终固执己见，一辈子拒用白话写作；蜕老则很快放弃成见，开始使用白话，而且用得十分流畅。在两人晚年，学问方面的切磋一直不断，包括《柳文指要》中涉及的问题，均曾交换意见。我在蜕老家中，多次看到书桌上放着章氏来信和诗稿。如果章氏的遗物保存完好，那么从中必定也能找到蜕老的函件和诗笺。直到“文革”前夕，章氏还来信向蜕老商借几本书，我只记得其中一本叫《俭德堂集》。遗憾的是，我没有翻过该书，而且直到今天也不知道那是本什么书。

这里还想顺便提一下章士钊的私人秘书章葇君。她是章太炎的侄女，国学根底、诗词修养俱深。我记得有些给蜕老的信是她写来的。“文革”开始后，章士钊很快受到保护，而她则不能幸免，被勒令在章家院中扫地。多年后我读到了她作的《扫门人二首》：

扫门人扫十年过，丞相堂前足迹多。抚事不禁长太息，登山能赋又如何。北窗高卧羞陶傲，南国偏醒共屈歌。古往今来痴亦绝，余生犹付墨消磨。

扫门人自不寻常，观罢登台戏压场。万事岂由天作主，平生惟秉气如霜。青灯伴影披芸简，绮梦随烟出桂堂。犹是忧深怀直笔，新诗吟就几回肠。

诗后自注："'扫门人'原出《史记·齐世家》曹参故事，唐时刘梦得《酬淮南牛相公述旧见贻》有句云：'初见相如成赋日，寻为丞相扫门人。'"可见她并非要把章士钊比为"丞相"，不过是为自己的被迫扫地找个出典而已。

由章士钊，很自然地想到胡适和鲁迅。蜕老与胡适相熟，与鲁迅似无交往。我曾问及他对两人的看法。他说；"他们都有一批青年追随者，不过追随胡适需要读书，追随鲁迅不需要读书，所以追随鲁迅的人更多。"我又问他如何评价鲁迅的文章。他说："鲁迅的古文是写得古雅的。"他指的是《汉文学史纲要》一类著作。有一次，他还详细地向我谈了光绪十九年（1893）鲁迅的祖父周福清欲向考官买通关节的始末。1974年我购得一套《鲁迅全集》，逐卷翻阅时，读到一篇《略论暗暗的死》。文章先引用《宇宙风》上"铢堂先生"的一段话，然后展开议论，而铢堂（似应为"铢庵"）正是蜕老的笔名之一。该文并未与铢堂论辩，但两人立足点、视角的不同是显而易见的。鲁迅的文章显然更为犀利深刻，至于蜕老是否读过，现已无从考证。

蜕老与周作人当然也有交往。周氏发表《日本之再认识》后，蜕老曾受“周先生怂恿”而作《读〈日本之再认识〉》。

当鲁迅任北洋政府教育部佥事之时，坐在他办公桌对面的是诗人乔大壮。乔大壮与蜕老是译学馆时期的同学（乔主修法文），订交甚早，同在北洋政府任职后，接触更多。那时蜕老将长沙故宅藏书运来北京，由于书在兵燹中损失严重，他开始做修补整理的工作，并新起堂名曰“补书堂”，编写了《补书堂书目》。乔氏对蜕老这一工作十分熟悉，赠他的诗中乃有“壶天一角补书堂，图写承平岁月长”等句。1948年，乔氏自沉于苏州梅竹桥下，三年后蜕老作五言排律《华阳乔君大壮殁三年矣，始为诗哀之》，对老友做了高度评价。不久前我在网上读到一篇署名“兰客”的文章，介绍乔大壮，称乔氏为“词、书、印三绝”而称蜕老为“诗、书、画三绝”，提法颇新鲜，是否准确，则不妨见仁见智。

蜕老大学时代的友人，我所知道的有方孝岳、刘麟生、蔡正华。若干年后他们都成为知名教授，并在《中国文学八论》中分别撰写了《中国骈文概论》（瞿）、《中国散文概论》（方）、《中国诗词概论》（刘）、《中国文学批评》（方）和《中国文艺思潮》（蔡）。蜕老与刘、蔡又合作辑注了四卷本《古今名诗选》。此外，刘麟生为《中国文学批评》作跋，开头就写道：“我同孝岳读书的时候，一天瞿君兑之来说：‘你们二人，都是桐城派的子孙。’”这是指二人为刘大櫆、方苞的后代。而由这种玩笑话，也可看出五四时期“桐城谬种，选学妖孽”等口号的影响。

蜕老在北京的朋友，遍及学术界、教育界、文学界、书画界等方方面面，时间有先有后，交往或疏或密。以掌故学而论，过从较密的有徐一士、谢刚主、柯燕舲、孙念希、刘盼遂、孙海波诸人。他们的聚会，有时在蜕老家，有时在中山公园上林春茶室，有时在琉璃厂来薰阁书店，谈话的内容上下千古，海阔天空。以书画家而论，齐白石之外，与陈衡恪、于非闇、陈半丁、黄宾虹等均熟稔。蜕老曾撰《宾虹论画》一文，对黄氏的创作与理论作非常精到的介绍与评析。而黄氏则曾欣然为蜕老的京宅作《后双海棠阁图》。

蜕老晚年生活在上海。居处虽窄，朋友依然甚多。仅在《春雨集》中参与唱和的就有李蔬畦、周紫宜、梅元罳、林松峰、李太闲、王澹庼、陈兼于。由于受条件制约，那时的交往一般都在二三人左右，群体聚会的次数极少。只是在1963年蜕老七十寿辰时，大约有十一位朋友，各出十元，为他举办过一次寿宴。我父亲参加了这次聚会。到场的我只听说有《新民晚报》的唐大郎，其余各位的姓名就不清楚了。

从20世纪50年代初到1968年，我父亲与蜕老过从较密，一方面是因为住处离得很近，另一方面是因为在文史掌故和诗词领域有许多共同语言。父亲青年时期任《时报》主笔，写过数百篇时评（据说1924年列宁逝世时，全国只有《时报》发了一篇《悼列宁》，便出诸他的手笔），此外又曾以“春翠楼诗存”的专栏发表诗作；中年转入实业界、金融界，当过交易所经纪人和纱厂、银行的高级职员；晚年赋闲，又开始舞文弄墨，写些诗词和文史资料一类的东西。我经常听他和蜕老聊天，发现两人的偏好还是有所不同。父亲对北洋时期的政治、军事格外熟悉，对旅长甚至团长以上的人名都能背诵如流，自称能写《中国陆军沿革》。有次他在上海的《文史资料选辑》上发表《齐卢战争的前因种种》，而北京的《文史资料选辑》上则登出了马葆珩所写《齐卢之战纪略》。马氏参加过齐卢战争，而父亲当年不过是个记者，可是他立刻就从马文中发现了诸多不符合事实的硬伤，随即写篇短文寄往该刊。这篇《对〈齐卢之战纪略〉的订正》发表在1964年中华书局出版的《文史资料选辑》第四十三辑上。下面聊引几句——

第一件马君写的“齐燮元，字抚万，河北省献县人”。我晓得齐是河北省宁河县人，不是献县人。第二件马写的“齐燮元的军事力量，除了他直接统率的第六师外，还有朱熙的第十九师”。据我所知，朱熙号申甫，湖南汉寿县人，他所带军队的番号是江苏陆军第二师（江苏地方军队），不是第十九师。当时的第十九师是禁卫军改编的（冯国璋旧部），师长是杨春普，号宜斋。

记得蜕老看了这篇《订正》后曾哈哈大笑，对父亲说："你的记性真好！"而蜕老的谈论往往更具文化意蕴。譬如有次谈起"宣统"年号，他说这是张之洞起的，其含义与"光绪"完全重复。盖"光绪"指的是"道光的统绪"，"宣统"指的是"宣宗的统绪"，一个用年号，一个用庙号，等到要译成蒙古文时，竟产生困难，因为蒙古文对年号和庙号不加区分。"可见张之洞之不学。"他笑着做了结论。

他的谈论有时也带有想象的成分。记得有一次，父亲同他列举了许多以"老小""大小"并提的人名，如"老徐"（徐世昌）"小徐"（徐树铮）、"大段"（段祺瑞）"小段"（段芝贵）之类，忽然问道："那时并无老叶、大叶，可是遐庵（叶恭绰）却称'小叶'，你想是什么缘故？"蜕老沉思片刻，莞尔一笑，说："身材小。"

诸如此类的交谈不胜枚举，可惜我那时只顾旁听，没有想到做个笔录，否则现在整理出版，会是一本富有特色的笔记。

"文革"

好像是对"文革"有所预感，蜕老在乙巳岁尾（1966 年

1月中旬）作了一些很伤感的诗。我记得有这样的诗句："丙午重逢舞勺时，天留老寿益凄悲。"丙午、丁未为红羊劫的年份；"舞勺"典出《礼·内则》，系十三年之谓。整句诗的意思是：当我生逢第一个丙午（1906）时刚刚十三岁；现在遭逢第二个丙午（1966），老天还让我活着，只能更加凄悲。联系他后来的牢狱之灾，这简直就是诗谶。

1966年6月1日《人民日报》发表《横扫一切牛鬼蛇神》社论后，"扫四旧"的风暴就从北京开始刮向全国，在"革命不是请客吃饭"的思想指导下，很快演变为抄家、游街、批斗。当时从我家所住安福路西段到蜕老所住武康路一带，抄家最为厉害，因为这里过去属于法租界，花园洋房较多，理所当然地成为"横扫"的重点。那时我每周六从复旦回家，总有一种不祥的预感，觉得"扫帚"不可避免地将扫到自家门前。预感不久就获得了证实；而且在我们熟悉的生活圈子里，没有几家能够幸免。

蜕老这时变得相当紧张。有天来我家时，我发现他忽然像变了个人。原先白发萧萧，一派儒者风度；这时却剃了平顶，唇髭也刮得干干净净，穿件汗衫，看上去同一般退休老人没有什么两样。那时红卫兵还没有光顾他家，但他显然已经听说有剃"阴阳头"之类的发明，所以预先做了准备。我安慰他：你又没有金银财宝，书架上一套线装的《二十四史》还是向公家借来的，怕什么？随他抄去！过了一段日子，他来我家，脸上露出轻松的表情，对我父亲说：“来过了。”然后向我们说了抄家经过。查抄者来自中华书局上海编辑所。如同我猜测的那样，他那间陋室要不了一个小时就可翻个底朝天，却没有值钱的东西；墙上原来挂过字画，此时也早已换成伟大领袖的宝像和他以恭楷书写的“听毛主席话，跟共产党走”。但后来对方还是找到了“罪证”，是在他新购的《毛主席语录》上。说到这里，蜕老一脸苦笑地从口袋里摸出那本语录，翻到扉页，只见上面用毛笔小楷写着“瞿蜕园珍藏”。“他们说，‘《毛主席语录》是让你学习的，你却要把它藏起来，是何居心？’”

与不少人在“文革”初期有过迷信、有过狂热不同，我所接触的老辈可能太熟悉历史的缘故，是绝无年轻人那种热情的。他们只是担心受到冲击，一旦危险过去，就依然故我，回到了自己的精神家园。而我受到濡染，所思所想与他们也差不多。在最初的风暴过去之后，我们都成为逍遥派。对于老人来说，是因为没有受到进一步揪斗而侥幸暂获逍遥；对于我来说，是因为对运动由衷反感而能避则避。

从 1966 年冬到 1968 年春，大约一年半的时间，蜕老的生活是大致安定的。虽然中华书局上海编辑所停发了他的月薪，但香港《文汇报》还是按月给他汇钱，衣食暂可无虞。曾经受到一次意外的冲击是来自附近的中学。一天，几个十来岁的红卫兵跑到他房里，乱翻一顿后，对他说：“我们勒令你帮我们战斗队写一份造反宣言。”“我不会写，我没有这个水平。”“你不老实。你写了那么多书，一篇宣言有什么难写。这是给你立功赎罪的机会。你写了，我们以后就不斗你了。”“我真的不会写，我从来没有写过这种文章。”红卫兵于是把他反锁进楼梯下面的三角形储藏间，关了几个小时后才把门打开，又威胁说明天还要再来。

第二天蜕老就来找我，问我该怎么办。我说这宣言是绝对不能写的，一旦传出去，你就变成挑动小将斗小将的黑后台。现在只好躲和拖，年轻人性急，等他们自己写出来，就不会找你了。于是那天蜕老在我们家待到很晚才回去。后来小将们又来过一次，仍无结果，从此也就不再登门。

这段插曲过后，生活又恢复原样。那时蜕老大概每隔半个月就会来我家一次，每次我都会去常熟路一家名“刘三河”的卤菜店买点素鸡、油炸豆瓣之类的下酒菜，再打一斤黄酒回来，与他边吃边聊。吃到一半时，母亲会端上她做的小菜，通常是两条红烧鲫鱼。由于父亲滴酒不沾，我也没有酒量，所以那一斤黄酒基本上由蜕老一人喝完。天凉后，母亲曾问他要不要烫酒。他说：“不用，兑着喝就行。”边说边把热茶倒在酒杯里。有一次，忽给父亲来封短信，略谓：年来屡劳贤梁孟治具，愧无以谢，某月某日当薄携酒肴奉诣。到了那天，他果然提了一个草编的小包前来，包中装的并非酒肴，而是一个切片面包。他把每片又一分为四，预先夹上切成碎丁的核桃、花生，洒上椒盐，变成一种很特别的小三明治。看到老人所费的功夫，我们都很感动。

酒桌上的谈话除掌故之外，自然增添了“文革”的话题；而蜕老本性难移，总会不自觉地回到自己的思维模式中去。一次，我说起前文提过的语文老师高飞，在“扫四旧”引发的改名浪潮中被迫将名字改为“高革非”，以示革除非无产阶级思想的决心，不料仍然受到批判：“你是想否定革命，说革命是‘非’的。”蜕老听后，说：“其实他可以用‘木’旁的‘格’字，意思是一样的。李清照的父亲不是叫李格非吗？”又有一次，谈到毛泽东忽然让大家学习《触詟说赵太后》一事。蜕老对事由不感兴趣，却说：“报上登的那篇白话译文很糟糕，不少地方都翻错了。”有时，他也会即兴发挥。一天，我正在读《聊斋志异》，看见他来，便问他：“为什么要叫‘聊斋’？‘聊’是什么意思？”他叹一口气：“唉，民不聊生，鬼不聊死。”

使桌上气氛变得快活的是我父亲。他素性达观，出语幽默，曾对蜕老说：“历史上有很多戏，我们未能亲睹，现在是不花钱看一场大戏。”蜕老答道：“可是我们自己也在戏中啊！”不过他虽然忧郁，在父亲的情绪感染下，也时常会忍俊不禁。“扫四旧”后，家中新挂了一副对联，是请一位青年书法家写的“金猴奋起千钧棒，玉宇澄清万里埃”。一天闲聊时，父亲望着墙上，对蜕老说：“我有一副妙对，你敢不敢写？”随即念道：“千钧棒打妖精骨，七律诗吟主席毛。”蜕老笑了很久。“永远健康”

的口号出来后，父亲又在酒桌上说："口号应讲对仗。我建议祝毛主席万寿无疆，祝林副主席千年不死。"蜕老边笑边摇手，示意"不能乱说"。还有一次，父亲说："你知道江青的名字是什么意思？'曲终人不见，江上数峰青。'所有的人都打倒、不见了，就剩下一个江青。"蜕老和我听了都觉得新鲜有趣。多年后"四人帮"垮台，从揭发材料中我才知道江青取名的依据果然出自钱起的那两句诗。可惜其时父亲与蜕老都已谢世，否则我真想向他们告知此事。

"文革"中蜕老不废吟咏，诗中往往自叹老病衰朽而不涉及政治。1967年春，他作了一首"芳"字韵七律。我记得末句是："园花为我留经眼，不是春归不肯芳。"这可能是他最后一次赞美园中的玉兰，因为第二年夏天他就以"现行反革命"罪身陷囹圄了。此诗出来后，父亲、胡温如、陈尧甫等都有和作。我也试和了一首。最后两联是："依然风穴群猴戏，倦矣云天一鸟翔。读史真惭根器钝，迷离莫辨臭和芳。"几位老人看了，都说虽非雅构，但把当时争权夺利的头头脑脑比为"群猴"，而以陶渊明所云"倦鸟"自诩，又把现实中的香臭颠倒归为"读史"之惑，还算写得不错。我也自鸣得意地说："这是逍遥派的自我写照。"但我心里明白，在所有的和诗中，自己的根底是最浅的。后来蜕老曾致父亲一信，专谈这次唱和，而主要是希望父亲向陈尧老转达他的谢忱：

莱山仁兄：

承示诸诗，一一领读，无任钦荷。尧老赐和，本非所望，再三洛诵，尤极感纫。观其词意周挚，情韵不匮，犹是老成典型；得之九十以上人，谈何容易！真所谓“长松百尺下，自愧蓬与蒿”矣。只以高龄，未宜多渎，致妨颐摄。尚祈转致鄙忱为荷。藉颂

时祉！

夏至日弟蜕拜

从春天作诗，到夏至写信，这次唱和延续了数月之久。其间叠韵多次，可惜所有的诗稿都未能保存。陈尧老那首，我也只依稀记得第三联有“鹓雏翔”三字，用的是《庄子》的典故。

永诀

我是1966年毕业生，留校“闹革命”一年后，于1967年夏末开始有了工资。领到月薪的第一个月，我在南京东路新雅饭店（当时已改用一个“革命”的店名）宴请父母和几位长辈，蜕老也来了，大家都很高兴。餐桌上，他说要集黄庭坚的诗句，书赠我一副对联；但这件事后来没有兑现，可能是他忘了。

致莱山

秋天，对毕业生进行分配，我被分往甘肃省电台。蜕老知道我要远行，十分不舍。有天我去他家，他把自己常用的一方砚台赠给我，说："我有好几个砚台，有的带盖子，但并不名贵；这个盖子掉了，但它是有名气的，在吴子苾的《双虞壶斋砚谱》上有记载。吴子苾还出过印谱。"他怕我记不住，又取过纸笔，写下"山东海丰吴式芬字子苾，有《双虞壶斋印谱》"几个字。这的确是方好砚台，虽缺砚盖而红木底座尚在，砚石上镌有逊甫的隶书铭文："其质则端，其形则覆。宁毁方以为合兮，惟端友之是就。"另刻有"澄心斋珍藏"五个楷书小字。这方砚台我一直珍藏至今。

又过了些时候，他来我家，递给我两页印有"超览楼稿"字样的红格纸。我打开一看，是四首七律，题为《送汝捷仁弟度陇》。他说："这是昨天作的，我还想改几个字。"两天后，他寄来了修改稿，标题改为《汝捷仁弟将度陇，赋此赠行》，这次是写在他 20 世纪 40 年代仿制的云蓝笺上。句为：

陇首云飞渺渺思，为君珍重语临歧。男儿所向无空阔，老去难禁是别离。退鹢犹惭一日长，神驹何待九方知。从今斗室魂消处，添得尊前忆远诗。

黄河一曲带边墙，云水参差驿树苍。今日征

车行枕席，古来战垒尽耕桑。名园士女春如绣，乐府歌词句有香。朝暮皋兰山入望，等闲归梦落江乡。

陇坂逶迤肯惮劳，凉州正好醉蒲陶。河山两戒西来壮，星斗中天北望高。客讯时时凭过翼，诗材处处待抽毫。还应餐寝勤将护，休遣微霜点鬓毛。

征衣料得称身裁，暂脱莱衣试着来。负米非夸钟鼎养，艺兰今出栋梁材。即看鸳侣成双到，此是鹏程第一回。春色染将亭畔柳，江城歌送笛中梅。

我一再吟诵，深为蜕老的真情所动。那时我已懂得唱和中的体裁变化，于是次韵写成五律四首。其中第三首的“豪”字，系据蜕老初稿而来，盖古时“豪”“毫”可以相通。至于“蒲陶”二字出于《汉书》，是很早就听蜕老说过的。和诗如下：

学海茫无际，伊谁启路岐？风尘今去去，原草昔离离。聚散浑如梦，浮沉未易知。悄然思往事，别绪入新诗。

汝捷仁弟将度隴賦此贈行　蜕園

隴首雲飛渺渺思，為君珍重語臨岐。男兒所向無空闊，老去難禁是別離。退鷁猶懸一日長，神駒何待九方知。從今斗室魂消處，添得尊前憶遠詩。

黄河一曲帶邊墻，雲水參差驛樹蒼。今日征車行枕席，古来戰壘盡耕桑。名園士女春如繡，樂府歌詞句有香。朝暮皐蘭山入望，等閒歸夢落江鄉。

隴坂逶迤肯憚勞，涼州正好醉蒲陶。河山兩戒西来壯，星斗中天北望高。客訊時時憑過翼，詩材處處待抽毫。還應餐寢勤將護，休遣微霜點鬢毛。

征衣料得稱身裁，暫脱萊衣試著来。負米非誇鐘鼎養，蓺蘭今出棟梁材。即看鴛侶成雙到，此是鵬程第一回。春色染將亭畔柳，江城歌送笛中梅。

天保九如　雲藍箋

度陇诗定稿

想象阳关道，山河万树苍。箫声凄灞柳，丝绪恋湖桑。依旧秦时月，曾经汉史香。黄沙迷漫处，客思动他乡。

鹧鸪声里去，无兴醉蒲陶。陇上羊归晚，河西雁阵高。古今看代谢，勋业几人豪？壮士轻离别，良禽惜羽毛。

征衣未及裁，寒意逼人来。绝塞怜芳草，明时叹弃材。情催春树发，梦逐暮云回。料得花朝近，陇头应见梅。

我把诗稿呈给蜕老后，他又作了四首五律。也同上次一样，先拟一份初稿，写在一种荣宝斋制作的“晓风残月”花笺上，定稿后再用云蓝笺录写一遍。诗题是《汝捷仁弟用余赠诗元韵作五言四首见示，叠韵和之》。句为：

东坡初捧檄，所历在邠岐。此去更悠远，何论古别离。雁程容易计，鱼乐自应知。未出阳关道，休吟折柳诗。

残雪覆莓墙，通帘树色苍。依微风动竹，荏苒

汝捷仁弟用余贈詩元韻作五言四首見示疊韻和之

東坡初捧檄所歷在邠岐此去更悠遠何論古別離雁程
容易計魚樂自應知未出陽關道休吟折柳詩
殘雪霞苺牆通筌樹色廬依微風動竹荏苒日移桑君
聽伊州曲應懷越酒香人生萍與水何處是他鄉
生事今年杜歸來異日陶情添潭水滿夢逐隴雲高棄
置儒冠洒飛騰劍器豪謝家池館在間郤鳳皇毛
多師慎別裁作雨出羣來莫以新張錦徒供舊爨材天地
終一到西極豈空回桃李年芳始嗟余澗底梅

經禧協洽嘉平月 雲徽作 霜鯨園録草

天保九如 宛之仿雲藍箋

和汝捷诗定稿

日移桑。君听伊州曲，应怀越酒香。人生萍与水，何处是他乡。

生事今年杜，归来异日陶。情添潭水满，梦逐陇云高。弃置儒冠陋，飞腾剑器豪。谢家池馆在，闲却凤凰毛。

多师慎别裁，伫尔出群来。莫以新张锦，徒供旧爨材。天池终一到，西极岂空回。桃李年芳始，嗟余涧底梅。

诗后写的是“彊梧协洽嘉平月雪微乍霁”。按照《尔雅·释天》的解释，“彊梧（强圉）协洽”即指丁未年。“嘉平月”则为腊月的代称，对照阳历，约相当于1968年1月。这是蜕老常用的写法，如同他把“葡萄”写成“蒲陶”一样，无非追求古雅而已。

5月初，终于到了动身的时候。行前我去向蜕老告别，他谈起第三首和诗，问我记不记得初稿的后两联。我马上背出来：“似尔儒冠旧，无妨剑器豪。微怜词赋手，闲却凤凰毛。”他说：“我的确为你的学业闲置感到可惜，但我想国家不会永远这样的，所以我把消极的话都改得积极了。”临别时他送出门来，我走到弄堂口回头，看见他还站在台阶上向我挥手。

抵达兰州后，才发现电台派仗方酣。我在那里住了一个月，竟无人来管报到之事。这时从留沪同学来信中，我获知武汉尚有空置的中学名额，于是回到上海要求重新分配，就这样把我的后半生同白云黄鹤连在了一起。这次在沪时间不长，又要处理很多杂事，便没有去看蜕老，准备到武汉安顿下来后再写信向他详述一切。听父亲说，蜕老已有好几个星期未来我家，估计是天热不愿出门。

前来武汉教育系统报到的学生，并未立即分配，而是先集中住在第十九女中学习。我随即写信回家告知情况。一星期后，接到父亲一封厚厚的来信，拆开一看，不由大吃一惊。原来里面并没有信，而是装的一份叫作"版司"的铅印小报，头版以吓人的通栏标题点了蜕老的名，内文主要叙述"揪出现行反革命分子瞿蜕园"的过程。据说是他的一名学生交代了他的"恶攻"言论。而让他"认罪"的办法是，给他看一张纸，像剧本一样，左边写着"某某某（学生名）说""瞿蜕园说"，右边是"说"的内容，却用另一张纸遮蔽了，让他自己交代。蜕老一看，认得那是学生的笔迹，顿时失态，说："我完了。"

当天晚上，我很久未能入睡，既可怜蜕老，又不明白，以他那样丰富的阅历，何以如此经不起一吓？一个月后，我姐姐来汉出差，我才获知更多的情形。原来，就在我收到"版司"小报之前，中华书局上海编辑所的外调人员已经找过我父亲。用的是同样的办法，只是“剧本”左边换成了“瞿蜕园说”“俞莱山说”，笔迹当然是蜕老的。然而父亲头脑非常冷静，性格也与蜕老完全不同，他向对方详细“揭发”了蜕老的封建官僚家庭背景以及人所共知的历史问题，就是不谈“现行反革命罪行”。中间有些很有趣的对话：

“你要老实交代瞿蜕园的反革命言行。”

“瞿蜕园可能有反革命言行，但不可能在我面前表露出来。”

“为什么？”

“因为我会给予迎头痛击！”

“你又是什么好东西！”

……

“瞿蜕园揭发了你的很多反动言论。”

“这是绝不可能的。我的思想完全在毛主席革命路线一边，怎么会有反动言论？言为心声。首先要有思想，才会有言论。”

“照你的说法，是我们在诬陷你？”

“不，是瞿蜕园在诬陷我。”

对方又让父亲写书面揭发材料。父亲还是按既定思路，只谈家庭和历史问题。外调人员来了两次，态度很粗野，但终无所获。第二年夏天我回沪探亲，家里人谈起蜕老，都有微辞，认为他不该出卖我父亲。唯独父亲没有说过一句埋怨蜕老的话，私下同我交谈，只说：“他是贵公子出身，经不起逼供；何况，谁知道那些人会不会对他动刑？”又说，“我那时只担心他会把你也供出来，所以赶紧寄张小报给你，但看来他并没有提过你的名字。”

关于蜕老被捕以后的遭遇，我一直无从了解。直到20世纪80年代中期，才从郑逸梅的回忆文章中，知道他被冤判十年，已于1973年瘐死狱中，“四人帮”垮台，方始获得平反。

现在那场浩劫已结束二十多年，蜕老的新旧著述已陆续出版多种，各种评价也正通过不同方式表述出来，其中金性尧、周劭等老先生的见解尤为引人注目。金氏赞叹了蜕老对秦汉至明清历代官制的精通，认为他“确实身怀绝技”；又通过对已获全国古籍图书一等奖的《刘禹锡集笺证》的分析，肯定了他兼具的功力、识力、才力（《伸脚录》）。而周氏更认为在20世纪“二十年代到七十年代的半个世纪中，中国学术界自王海宁、梁新会之后，够称得上‘大师’的，陈（寅恪）瞿（兑之）两先生可谓当之无愧。但陈先生‘史学大师’的称号久已著称，瞿先生则尚未有人这样称呼过，其实两位是一时瑜亮、铢两悉称的”（《闲话皇帝》）。我因为至今尚未通读蜕老的全部著作，读过的也未能完全读懂，所以在整体评价上不敢赞一言。我倒是希望他的旧著包括尚未结集的诗文能够全部出版。如果将来某家出版社具此眼光，那么我乐于在资料的搜集和编辑方面尽绵薄之力。

最后，我想以小诗一首结束本文，用的是龚自珍《己亥杂诗》（“河汾房杜有人疑”）原韵：

闻韶忘味复奚疑，高岭频瞻益自卑。尺幅寒梅香透骨，花朝长忆蜕园师。

俞汝捷

2003 年秋初稿

2023 年修订

文言浅说

瞿蜕园 周紫宜 著

学诗浅说

瞿蜕园 周紫宜 著

文心

夏丏尊 叶圣陶 著

语文常谈

吕叔湘 著

文言文选读

张中行 张铁铮 李耀宗 潘仲茗 编注

中国历代诗歌选

林庚 冯沅君 主编